TERAPIA DO TRABALHO

Tessa West

Terapia do trabalho
Um guia para colocar sua carreira no rumo certo

TRADUÇÃO
Cássio de Arantes Leite

Copyright © 2024 by Tessa West LLC
Todos os direitos reservados, incluindo o direito de reprodução total ou parcial em qualquer formato. Publicado mediante acordo com a Portfolio, um selo da Penguin Publishing Group, uma divisão da Penguim Random House, LLC.

Grafia atualizada segundo o Acordo Ortográfico da Língua Portuguesa de 1990, que entrou em vigor no Brasil em 2009.

Título original
Job Therapy: Finding Work That Works for You

Capa
André Hellmeister

Preparação
Espártaco Nogueira da Silva

Índice remissivo
Gabriella Russano

Revisão
Luís Eduardo Gonçalves
Valquíria Della Pozza

Dados Internacionais de Catalogação na Publicação (CIP)
(Câmara Brasileira do Livro, SP, Brasil)

West, Tessa
   Terapia do trabalho : Um guia para colocar sua carreira no rumo certo / Tessa West ; tradução Cássio de Arantes Leite. — 1ª ed. — Rio de Janeiro : Objetiva, 2025.

   Título original : Job Therapy : Finding Work That Works for You
   ISBN 978-85-390-0874-2

   1. Orientação profissional – Aspectos psicológicos 2. Trabalho – Aspectos psicológicos I. Título.

25-264084   CDD-158.7

Índice para catálogo sistemático:
1. Psicologia do trabalho   158.7

Cibele Maria Dias – Bibliotecária – CRB-8/9427

Todos os direitos desta edição reservados à
EDITORA SCHWARCZ S.A.
Praça Floriano, 19, sala 3001 — Cinelândia
20031-050 — Rio de Janeiro — RJ
Telefone: (21) 3993-7510
www.companhiadasletras.com.br
www.blogdacompanhia.com.br
facebook.com/editoraobjetiva
instagram.com/editora_objetiva
x.com/edobjetiva

Dedico este livro a minha família — Jay, Matty, Jack e Annie; minha mãe, Vicki; meu irmão, Justin —, que me apoiou enquanto eu o escrevia; a Quincey Pyatt, cujos conhecimentos foram valiosos para botar o livro em pé; e a meus alunos, cuja criatividade e dedicação me inspiram diariamente e cuja pesquisa serviu de base para a maioria das ideias aqui presentes.

Sumário

Introdução 9

1. Em Crise de Identidade 29
2. Os Distanciados 71
3. Os Sobrecarregados 95
4. Os Segundos Colocados 127
5. As Estrelas Subestimadas 160

Reflexões finais 191

Agradecimentos 199
Notas 201
Índice remissivo 205

Introdução

Em algum momento da vida, a maioria de nós vai se perguntar se sua carreira está no rumo certo. Para alguns, esse questionamento se dá meses ou até anos depois de sentir um leve desânimo no ambiente de trabalho. Não aconteceu nada dramático, nenhum momento "ai, droga" em que acordamos suando frio, percebendo termos cometido um erro catastrófico ao escolher uma carreira altamente estressante como direito empresarial ou administração do próprio restaurante. Mas um belo dia você se dá conta de que não se reconhece mais. O trabalho mudou você, e não foi para melhor.

Para outras pessoas, todo dia é uma montanha-russa: estamos estressados e sobrecarregados num momento, calmos e controlados no seguinte. Temos a sensação de pisar em areia movediça e as menores coisas, como um comentário sarcástico do chefe, bastam para nos fazer duvidar de que estamos de fato comprometidos com nosso emprego. Mas temos estabilidade e custou chegar aonde chegamos, assim nos limitamos a ler passivamente os classificados, em vez de nos candidatarmos a uma vaga.

Os sentimentos que nutrimos por nossa atividade profissional são tão ricos e complexos quanto os que cultivamos em nossos relacionamentos com pessoas queridas. Sentimos ciúmes e ressentimentos, ambivalência e empolgação. No entanto, quando se trata de fazer escolhas decisivas acerca da carreira, em geral não são os sentimentos que orientam nossas decisões. Na verdade, a conversa sobre mudar de emprego, mesmo entre os especialistas, costuma girar em torno de decisões estruturais e práticas. Desejo um emprego remoto ou presencial? Devo trabalhar para uma startup em que acredito ou aceitar um emprego estável (mas maçante) em uma empresa bem estabelecida? A maioria dos conselhos que dizem respeito a infelicidade no trabalho e mudança de emprego se concentra em questões práticas.

Neste livro, decidi adotar uma abordagem diferente e me concentrar nos sentimentos e na relação psicológica das pessoas com a carreira.

Como professora de psicologia na Universidade de Nova York, sou especialista em relacionamentos interpessoais e comunicação. Como cientista social, estudei a linguagem utilizada em dezenas de contextos sociais, de negociações trabalhistas a interações entre médicos e pacientes. Fora da universidade, empreguei meus conhecimentos em ciência da comunicação para ajudar centenas de pessoas a resolver conflitos no ambiente de trabalho. Em meu primeiro livro, *Jerks at Work* [Idiotas no trabalho], apresentei técnicas de eficiência comprovada em terapia de relacionamento para interações tensas entre funcionários e chefes. No início de minhas pesquisas para *Terapia do trabalho*, entrevistei muita gente sobre suas dificuldades profissionais, e saltaram-me aos olhos dois fatos:

- Funcionários infelizes no emprego identificaram causas psicológicas mais profundas do que aquelas normalmente apontadas em conversas sobre satisfação na carreira, ou seja, desinteresse e burnout.
- A comunicação utilizada pelas pessoas para explicar como se sentem no emprego era similar àquela empregada para descrever seus sentimentos sobre os relacionamentos pessoais.

Cerca de dois anos atrás, quando saíamos lentamente da pandemia, me dei conta de que minhas conversas sobre trabalho caminhavam em direções inesperadas para mim. Uma funcionária acusada de "assumir" as tarefas de seus colegas e eu falávamos sobre dinâmicas de relacionamento tensas quando de repente a conversa pulou para a profunda e mal resolvida sensação que ela experimentava de fazer tudo certo para progredir, mas mesmo assim ser preterida nas promoções. Conversei também com outra pessoa que lidava com um chefe que se apropriava do crédito do trabalho alheio; depois de alguns minutos analisando como proteger as próprias ideias, ela falou: "Não sei se essa carreira ainda me define como ántes". As pessoas começavam relatando problemas aparentemente solucionáveis — ou ao menos que pareciam restritos a situações e relacionamentos específicos —, mas logo ampliavam o escopo, revelando questões mais gerais e as profundas dificuldades psicológicas que enfrentavam em suas carreiras. Havia algo muito mais grave que simplesmente chefes ruins e colegas irritados, e isso se fazia notar na forma como elas se comunicavam: não estavam falando apenas de suas relações de trabalho, mas de sua relação com a carreira em si.

Fiquei curiosa de saber se outros especialistas observavam essa mesma tendência, então consultei Jacqui Brassey, uma das lideranças no Instituto de Saúde da McKinsey, além de pesquisadora e autora. Jacqui está por dentro das mudanças no ambiente corporativo — e não apenas das mudanças estruturais que temos presenciado, mas também das razões psicológicas por trás delas. Embora também tenha notado que muita gente parece infeliz com o emprego e a carreira, Jacqui percebeu nelas um esforço para descobrir o motivo. Paira uma ambivalência no ar, ela me disse; as pessoas ficam divididas entre o desejo de previsibilidade, que as atrai para um rumo de carreira mais tradicional, e o desejo de romper com a tradição. Ao longo de nossa conversa, ela repetiu expressões como "um grande despertar" e "abertura a novas experiências" para descrever essas tendências. Curiosamente, nossa conversa tratou quase que apenas das emoções e dos estados psicológicos das pessoas. Mal tocamos nos problemas estruturais que dominavam o debate entre os especialistas, como mudanças acarretadas pelo trabalho híbrido.

Como mencionei, me chamou a atenção a equivalência entre os termos utilizados para descrever as questões no emprego e na carreira e os problemas nas relações pessoais. A linguagem, ainda que sutil, é rica e cheia de pistas sobre as reais dificuldades enfrentadas por alguém. "Eu costumava entender melhor o que meu namorado estava pensando e sentindo, mas agora tudo me parece grego", por exemplo, é uma declaração que aponta para uma sensação crescente de distanciamento psicológico. Mesmo declarações indiretas, como "Meu médico não faz contato visual quando estou falando, só fica olhando para meu prontuário", às vezes revelam uma profunda desconfiança em relação à classe médica em geral. Mostro em muitos contextos que comentários sobre nossas relações pessoais podem ser um termômetro mais preciso de nosso comportamento futuro do que nossas declarações quando nos perguntam acerca de nossos planos. A linguagem pode nos oferecer uma riqueza de informações sobre o estado de espírito de alguém, se soubermos onde procurar. Termos em geral associados ao relacionamento romântico — expressões de desconfiança e ambivalência, por exemplo — eram comuns em minhas conversas sobre carreira, fazendo-me perceber que havia uma mudança mais profunda em curso.

A terapia nos ajuda a administrar todo tipo de relacionamento. Por que não aplicá-la à relação com nossa própria carreira? Ela pode operar milagres, sobretudo se concebida para ajudar as pessoas a compreender o que motiva seus pensamentos e comportamentos, e para oferecer as ferramentas para abrir linhas de comunicação com seus potenciais novos parceiros, de modo que possam avaliar a compatibilidade antes de mergulhar de cabeça. Assim como a terapia ajuda as pessoas em sua relação consigo mesmas e com os outros, uma abordagem terapêutica da carreira pode ser transformadora ao nos ajudar a compreender o motivo de nossa infelicidade no emprego, para que encontremos outro mais satisfatório.

Todos vivemos um relacionamento com nossa carreira. E assim como em qualquer relacionamento, os altos e baixos de nossas emoções com frequência resultam de questões psicológicas profundas que nem sempre compreendemos. *Terapia do trabalho* nasceu da ideia de que essas questões constituem o primeiro e possivelmente mais importante passo para descobrir como ser feliz no trabalho. Trata-se de uma abordagem inovadora para a orientação vocacional, concebida para nos ajudar a descobrir coisas novas a nosso respeito e novas estratégias de comunicação, para que a felicidade na carreira dependa menos da sorte.

Buscando compreender quem corre atrás de uma nova carreira, pus-me a investigar de uma forma até então inédita. Há centenas de estudos sobre pessoas que começam a questionar sua satisfação no trabalho e passam a analisar novas oportunidades — o que esperam de um emprego, o que estão dispostas a tolerar, quantas delas desejam mudar completamente de rumo. O ambiente corporativo mudou muito nos últimos anos e os especialistas vêm documentando como as pessoas têm se adaptado às alterações.

Mas, como disse, esta obra não trata dos alicerces profundos de nossa infelicidade no trabalho. Na melhor das hipóteses, ela arranha a superfície, utilizando conceitos como burnout e equilíbrio entre vida profissional e pessoal.

As questões que me incomodavam eram mais amplas e psicologicamente mais básicas: que fatores nos levam a perder a identificação com algo que passamos décadas almejando? Com que frequência e por que motivo sabotamos nosso progresso, abraçando voluntariamente tarefas para as quais não dispomos de tempo nem energia mental? Até que ponto nossa incapacidade de obter aumento ou promoção tem a ver com nossas lacunas — como interpretar equivocadamente nosso próprio status profissional — ou com as capacidades daqueles que nos rodeiam — como um chefe sem autoridade para influenciar as promoções?

A fim de obter as respostas, precisei primeiro recuar um pouco para enxergar melhor e avaliar o que leva as pessoas a questionar sua relação com o trabalho. Estudando esse relacionamento de forma mais detalhada, encontrei muitas pesquisas sobre os fatores de risco do divórcio,[1] incluindo os eventos que desencadeiam o processo de considerar a separação. Eventos estruturais, como mudanças de renda repentinas e filhos, e preocupações psicológicas, como uma divisão injusta do trabalho doméstico, que podem fazer a pessoa sentir-se pouco valorizada e invisível, são oportunidades críticas de intervenção para a terapia. Quando pegamos as pessoas em momentos assim, temos uma boa chance não só de ajudá-las a processar o que acontece no relacionamento como também de guiá-las pelo processo de separação, se for o caso.

Aplicando essa lógica ao relacionamento com a carreira, meu primeiro objetivo foi identificar os fatores que levam os profissionais a cogitar uma troca de cadeira no mercado de trabalho. No primeiro levantamento, descobri cinco determinantes principais:

1. Sentir que a carreira não se mescla mais à nossa identidade quanto antes.
2. Trabalhar num lugar que mudou tanto que já não pode mais ser reconhecido.
3. Assumir demasiada responsabilidade e se sentir tão sobrecarregado a ponto de se sentir impotente.
4. Ter dificuldade em obter status no emprego, sem perspectiva de promoções e aumentos.
5. Ter poder e status, mas não ser reconhecido nem recompensado por isso.

Os próximos capítulos estão baseados nesses cinco fatores, que chamo de Em Crise de Identidade, Distanciados, Sobrecarregados, Segundos Colocados e Estrelas Subestimadas. Cada capítulo inclui um conjunto de dados único a respeito de cada tipo. Para ajudar o leitor a compreender melhor em que situação se encontra, investiguei as experiências psicológicas, o comportamento no trabalho e o que causa tal insatisfação. E como meu objetivo é que você encontre um emprego que possa amar novamente, ou pela primeira vez, também coletei dados dos responsáveis por contratar, promover e demitir as pessoas. Entrevistei recrutadores e gerentes de contratação de diversos setores; reuni-me com especialistas que dominam ferramentas como o LinkedIn Recruiter; conversei com líderes experientes que desenvolveram práticas de entrevistas para testar as habilidades das pessoas. Esses profissionais me mostraram que tipo de perguntas as pessoas deveriam fazer (mas raramente fazem) nas entrevistas, como tornar um currículo mais atraente e como criar uma rede de contatos para aprender os macetes internos das empresas. Todo tipo de profissional enfrenta obstáculos durante o processo de candidatura e entrevista, desde convencer um recrutador de que é capaz de realizar uma grande mudança na carreira até detectar lapsos de comunicação entre quem o entrevista e a pessoa que um dia será seu gerente. Pensando nisso, cada capítulo compreende conselhos sob medida para tratar dos obstáculos mais comuns a cada tipo de profissional inclinado a mudar de carreira.

COMO LER ESTE LIVRO

Uma das primeiras perguntas que as pessoas me fazem quando cito os cinco tipos de profissionais inclinados à mudança é: "Qual deles sou eu?". A resposta sucinta é: "Faça o teste e descubra". Mas a resposta longa é: "Talvez você não se encaixe em apenas um perfil. A maioria das pessoas se enquadra em dois ou três".

Como este livro está organizado em torno de perfis psicológicos, não tipos de carreira, os capítulos não são mutuamente exclusivos. Com certeza podemos nos perguntar até que ponto nos identificamos com nossa carreira e ao mesmo tempo nos sentimos pouco valorizados. Por esse motivo, costumo pensar nessa tipologia indo dos perfis mais relevantes aos menos. Identifico-me profundamente com o profissional Em Crise de Identidade, mas às vezes também me sinto como o Sobrecarregado, por exemplo.

Antes de passarmos ao questionário para ajudá-lo a descobrir com que tipos você mais se identifica, permita-me começar por uma visão geral sobre cada tipo e o que encontraremos em cada capítulo.

Em Crise de Identidade

Talvez nenhuma trajetória aqui descrita seja mais intimidadora que a do profissional Em Crise de Identidade. Tal indivíduo passou meses, quando não anos, aprimorando suas habilidades, e seu esforço rendeu muitos frutos. Ele tem redes profissionais bem estabelecidas e conhece o currículo oculto de sua área. O emprego constitui um aspecto fundamental de sua identidade, e sua vida profissional muitas vezes se entrelaça numa teia intrincada à vida pessoal. E contudo ele questiona se essa carreira é a mais indicada para seu caso e sonha com a oportunidade de fazer algo novo e diferente. A jornada do profissional Em Crise de Identidade começa com certa dose de reflexão: a antiga carreira ainda é uma parte importante de quem ele é? Como se sentiria se nunca mais pudesse exercê-la? Somente após processar a perda da antiga identidade esse profissional começa a construir uma nova. E como ele vai se aventurar por um território não mapeado, o capítulo cobre diversos aspectos. O leitor aprenderá a criar conexão com pessoas externas à sua rede de contatos para descobrir informações sobre sua potencial nova carreira que os sites das empresas não divulgam — por exemplo, normas ocultas sobre o ambiente corporativo, incluindo o que alguém de fora deve saber para efetuar uma transição bem-sucedida ou o significado de jargões e acrônimos utilizados em currículos e conversas cotidianas. Pense nesse capítulo como um ponto de partida para desenvolver habilidades de descoberta de carreira.

Os Distanciados

Muita gente certamente já passou pela experiência de olhar para um cônjuge, um parceiro de longa data ou um amigo íntimo e pensar: "Como ele mudou! Não reconheço mais essa pessoa". Agora imagine que esse sentimento se refira a sua vida profissional. O Distanciado sabe do que precisa para ser feliz no emprego — sabe como encontrar um propósito no trabalho, a quem recorrer em sua rede de contatos para pedir ajuda e o que é preciso fazer para ter um bom desempenho. Mas as mudanças, das maiores às menores, estão corroendo a certeza que sentia antes, e muitos perdem a motivação de tentar. Sua jornada começa por compreender a abrangência das mudanças que estão ocorrendo: seria todo o setor, apenas sua empresa ou algum fator mais específico — como sua equipe ou mesmo seu chefe — que está no cerne do motivo pelo qual as coisas parecem diferentes? E, assim como num relacionamento em que as pessoas estão ficando cada vez mais distantes, é preciso se perguntar: "Até que ponto minha infelicidade se deve ao fato de que fui *eu* quem mudou?". O Distanciado vivencia guinadas em seu cotidiano — por exemplo, uma alteração no número de horas que o chefe lhe dedica ou um aumento súbito no número de novos membros integrados a sua equipe — que vêm de decisões feitas a portas fechadas. Para perceber como essas grandes mudanças impactam as transformações diárias que testemunha, ele precisa dos insights de um grupo específico: as pessoas que ajudaram a planejar as grandes mudanças *e* que compreendem como elas afetam o desempenho dos funcionários no dia a dia. Os insights dos "planejadores" que pesquisei são cruciais para enumerar uma lista de requisitos essenciais relacionados às realidades de um ambiente de trabalho em transformação. Durante o processo de entrevista, ensinarei a sondar as relações entre os tomadores de decisão e as pessoas que vão supervisionar você. Nos ambientes corporativos em constante transformação, essas relações frequentemente se dão longe dos olhares, e pequenas coisas, como saber se seu futuro chefe estava envolvido na criação do anúncio de emprego ao qual você respondeu (ou que pelo menos viu), podem fornecer respostas esclarecedoras.

Os Sobrecarregados

Se alguma vez você já passou pela doce tortura de precisar escolher entre duas coisas que deseja — a oportunidade de emprego numa outra cidade ou um relacionamento no lugar onde mora — ou a leve irritação de ter que optar entre duas coisas que não está com vontade de fazer — como preparar o jantar ou terminar um relatório a ser entregue no dia seguinte —, esse capítulo é para você. A sensação de sobrecarga é tão onipresente em nossa vida profissional que recomendo a leitura a qualquer um que se sente esgotado e sugado com a interminável montanha de tarefas sobre sua mesa.

A jornada do Sobrecarregado começa com a resposta a duas importantes questões: estarei desempenhando funções demais no trabalho, como conduzir uma equipe e ao mesmo tempo me voluntariar para um novo comitê? Tenho alternado entre mais de uma tarefa com tanta frequência que nunca termino o que começo? Em minha pesquisa para esse capítulo, descobri que algumas pessoas ficam sobrecarregadas por assumir funções pelas quais não recebem remuneração alguma. Em alguns empregos, é simplesmente a norma, então todo mundo faz isso; em outros, as pessoas agem assim por julgar que ficarão mais visíveis e tal exposição as ajudará a progredir. Um dos principais objetivos desse capítulo é auxiliar o leitor a descobrir quais funções valem realmente a pena, além de sugerir estratégias para resguardar seus limites. Pensando em ajudar os que desempenham múltiplas funções, forneço táticas fáceis para driblar o hábito de começar uma coisa e logo depois passar a outra. De modo a evitar que você se torne futuramente o Sobrecarregado, esse capítulo o ensina a agir como um antropólogo no ambiente organizacional; você aprenderá como pequenas coisas — por exemplo, trabalhar em um escritório sem divisórias, ou a diferença entre ficar muito perto de um colega ou a cinco metros de distância dele — podem aumentar a probabilidade de você acabar nessa situação.

As estratégias apresentadas não se dirigem apenas àqueles que estão pensando em mudar de emprego: são para todos que pretendem se livrar do malabarismo cotidiano. Pense nelas como um bônus ao capítulo com o qual você mais se identifica.

Os Segundos Colocados

Não importa o quanto a pessoa tenha progredido na carreira, a experiência de perder uma promoção ou um aumento é sempre dolorosa. Ninguém gosta de ser o segundo (menos ainda o terceiro ou quarto). Não gostávamos quando disputávamos algum jogo em um parquinho na infância e não gostamos hoje. O Segundo Colocado sabe quem é e aonde quer chegar, mas tenta compreender uma importante peça do quebra-cabeça: o que estou fazendo errado? Se você tem algo em comum com os Segundos Colocados, não está recebendo respostas inequívocas para essa pergunta: apenas 7% dos meus entrevistados foram informados do motivo de não conseguirem determinada promoção ou aumento.

Esse capítulo o ensina a bancar o detetive para obter as informações de que precisa. Você aprenderá a descobrir de quanto status desfruta no trabalho e se a culpa por sua situação se deve a reformas estruturais, como um "choque" na empresa (ou seja, grandes mudanças, que sacodem as coisas). Aprenderá também sobre as normas em relação aos papéis e atribuições que as pessoas esperam que você cumpra, mesmo que não o digam explicitamente. Uma questão importante que o Segundo Colocado precisará responder é se, antes de dar um passo adiante, deve recuar um pouco, preenchendo lacunas em sua experiência. Em seguida, o capítulo ensina a testar se a empresa tem uma cultura de pedir e oferecer feedbacks claros. Trabalhar para uma empresa capaz de explicar seu processo de feedback é essencial para o indivíduo do tipo Segundo Colocado, inclusive em relação à estruturação diária ou semanal de como deve ser esse feedback.

As Estrelas Subestimadas

Alguma vez você sentiu que investia numa relação mais do que recebia dela? Que todo seu empenho — planejar os encontros, cuidar das tarefas domésticas, esforçar-se de verdade para continuar atraente para a pessoa — passava despercebido ou não era valorizado? Sentir-se desvalorizado pelo parceiro/a pode ser desmoralizante, e o mesmo vale para o trabalho. A Estrela Subestimada vivencia uma tensão entre tudo que proporciona à organização e tudo que esta lhe oferece em troca. Como provavelmente as pessoas desse tipo são muito boas no que fazem (pressuposto que a Estrela Subestimada deve pôr à prova), a maioria é recompensada no trabalho, mas não da maneira que espera. Trabalho duro é com frequência recompensado com mais trabalho duro, e os aumentos salariais são promessas projetadas num futuro hipotético. A primeira meta da Estrela Subestimada é descobrir seu valor no mercado, identificando quem representa sua real concorrência. Um networking estratégico vai ajudar nesse processo, que envolve passar das comparações pontuais entre você e seus colegas a comparações globais entre você e as pessoas em sua profissão. Assim que estiver pronto para dar a cara a tapa, você precisará encontrar respostas para questões como: "A maioria das empresas se preocupa de fato em contratar estrelas ou se contenta com 'bom o bastante'?". Há muitas evidências de que algumas empresas procuram apenas "bom o bastante", e isso pode ser uma barreira que precisará ser contornada. Esse capítulo está fundamentado nas táticas dos quatro anteriores, expandindo os exercícios para ajudá-lo a encontrar um emprego que atenda a suas expectativas de reconhecimento.

QUAL É SEU TIPO?

■ ■ ■

Projetei este pequeno questionário para ajudá-lo a ter uma noção de qual tipo de aspirante a uma carreira você é. Leia e responda às questões para aprender a reconhecer os fatores motivadores de mudança.

1. No momento, você contempla a possibilidade de mudar completamente de carreira?

    ❏ Sim   ❏ Não

2. Considera sua atual carreira parte importante de sua identidade pessoal?

    ❏ Sim   ❏ Não

3. Costumava gostar de seu trabalho, mas agora não mais?

    ❏ Sim   ❏ Não

4. Caso tenha respondido "sim" à terceira questão, você gostaria de encontrar um trabalho similar a seu antigo emprego, quando ainda gostava dele?

    ❏ Sim   ❏ Não

5. Você desempenha múltiplas funções no trabalho? Isso inclui atribuições de outros cargos e algum papel ou responsabilidade adicional, como participar de um comitê ou grupo de recursos de funcionários. Se faz isso no ambiente de trabalho, é relevante.

    ❏ Sim   ❏ Não

6. Vive sendo interrompido quando está tentando concluir suas tarefas?

    ❏ Sim   ❏ Não

7. Ao final do dia, fica estressado com o volume de trabalho que não conseguiu terminar?

    ❏ Sim   ❏ Não

8. Está empregado atualmente e enfrenta dificuldades em conseguir uma promoção?

　　❑ Sim　❑ Não

9. Sente que pessoas com seu nível de desempenho são mais bem remuneradas em outras empresas?

　　❑ Sim　❑ Não

10. Sente que seu esforço não é valorizado ou reconhecido pela empresa?

　　❑ Sim　❑ Não

11. Agora pense em algumas de suas habilidades. Para cada uma delas, pergunte a si mesmo se é rara, se impacta positivamente o desempenho no trabalho e se é mais acentuada em você do que em outras pessoas. Você tem pelo menos uma habilidade que atenda a todos esses critérios?

　　❑ Sim　❑ Não

Gabarito:

- Se você respondeu *sim* à questão 1, provavelmente é um profissional Em Crise de Identidade. Se respondeu *sim* à questão 2, talvez ainda não esteja preparado para largar a carreira, mas mesmo assim esse capítulo se destina a você.

- Se você respondeu *não* à questão 1, e *sim* à questão 3 ou 4, seu capítulo é o dos Distanciados.

- Se respondeu *sim* à questão 5, 6 ou 7, seu capítulo é o dos Sobrecarregados.

- Se respondeu *sim* à questão 8 ou 9, você é um Segundo Colocado.

- E se respondeu *sim* à questão 9 ou 10, e *sim* à questão 11, provavelmente é uma Estrela Subestimada.

QUAIS OS TIPOS MAIS COMUNS?

Entre quatrocentas pessoas que entrevistei em nove países, de 22 setores, cerca de 41% se identificaram como profissionais Em Crise de Identidade; 28% como Distanciados; 35% como Sobrecarregados; e 42% como Segundos Colocados ou Estrelas Subestimadas. A maioria se encaixava em mais de uma categoria — a média foi cerca de duas. Sobrecarregado foi a segunda categoria para a maior parte das pessoas.

A maioria de nós somos muitas coisas, como deve ser o seu caso.

Considerando que você provavelmente é mais de um tipo, como deve abordar este livro? Em que ordem ler os capítulos? Recomendo que comece pelo que mais o interessa.

Planejei *Terapia do trabalho* para ser lido em qualquer ordem, ou seja: comece pelo capítulo com o qual você mais se identifica, depois volte e leia os demais. Pense no livro como um jogo com vários mundos, que pode ser disputado em qualquer ordem. As aventuras nas quais embarcamos são diferentes e o mesmo vale para os contextos e cenários. Mas os níveis dos mundos estão estruturados da mesma forma e todos seguem as mesmas regras.

Para isso, cada capítulo do livro foi organizado em torno de quatro etapas:

Por que estou infeliz?	O que espero de minha futura carreira?	Apurando os fatos para verificar se o trabalho é o ideal para mim	Conseguindo o emprego
Identifique a fonte psicológica de sua infelicidade com ferramentas de autoavaliação.	Descubra com quem montar sua rede de contatos e o que perguntar a suas novas conexões.	Descubra que perguntas fazer durante o processo de entrevista.	Aprenda a elaborar um currículo e a fazer as perguntas certas durante a entrevista de emprego.

Os capítulos abrem com a primeira etapa: compreender por que você está infeliz no trabalho. Ela inclui uma série de avaliações que investigam mais a fundo a psicologia por trás do perfil tratado no capítulo. A segunda etapa está focada em como esperamos que seja nossa futura carreira, um passo que exige sua atenção antes de você se candidatar a algum emprego. Na maioria dos capítulos, o foco principal incide sobre as pessoas com quem você deve criar sua rede de contatos para propor perguntas cujas respostas não são fáceis de encontrar — perguntas que exigirão aprender um pouco sobre os bastidores das empresas para obter as respostas. A terceira etapa envolve uma apuração de fatos para testar se determinada carreira ou emprego é adequado para o seu caso, e portanto se concentra nos processos de candidatura e entrevista. Recorri a entrevistas com recrutadores e gerentes de contratação para elaborar uma lista de questões para você fazer. A quarta etapa, que trata de garantir o emprego, é muitas vezes trabalhada em conjunto com a terceira. Entre os tópicos abordados estão como elencar suas habilidades sem exagerar e que perguntas fazer durante a entrevista para sinalizar seu comprometimento de longo prazo com o trabalho.

É possível alternar entre os capítulos — por exemplo, comparando seu progresso na primeira etapa caso você se sinta Sobrecarregado com seu progresso na mesma etapa se estiver mais para um Segundo Colocado. Há um único dilema de verdade que você precisa resolver ao longo da leitura: você espera fazer a transição para uma carreira completamente diferente ou quer se manter na carreira em que está hoje? Se você se identificou como um profissional Em Crise de Identidade — ou seja, se está considerando largar sua atual carreira para trabalhar em uma área diferente —, sugiro começar pelo primeiro capítulo. Os demais podem começar a partir de qualquer ponto.

TESTE DE ESTRESSE DA TESSA

Antes de continuar, você precisa aprender quais são seus gatilhos de estresse no ambiente profissional. Descobri que as coisas que tornam as pessoas infelizes no trabalho são em geral pequenas e pouco memoráveis, mas se acumulam com o tempo — estressores diários que logo esquecemos, como um problema no metrô que nos fez chegar atrasados para uma reunião ou uma lista de tarefas por terminar que não sai da nossa cabeça enquanto jantamos com a família. Muitas vezes só percebemos os efeitos desses estressores dias ou semanas mais tarde, após perder uma noite de sono e acabar pegando um resfriado.

De vez em quando vou me referir a esse Teste de Estresse,[2] que consiste em um breve questionário que você pode responder por alguns dias seguidos ou por uma semana inteira ou mais para registrar seus estressores. Para criá-lo, conversei com a dra. Amie Gordon, psicóloga social e especialista em avaliar a experiência cotidiana das pessoas para compreender quais são seus maiores estressores. Para ela, é importante registrar os tópicos que acreditamos serem nossos maiores estressores diários e, ao final do dia, compará-los ao que de fato nos deixou estressados. Costuma haver grandes discrepâncias entre eles, mas se confiarmos apenas na memória, ficaremos focados no que ela chama de "experiências de pico" — eventos grandes que lembramos com nitidez, como uma apresentação muito importante. Porém, observando os dados diários das pessoas, constatamos que os eventos mais temidos na verdade não são tão ruins assim. Os que mais pesam são os que não previmos, deixando-nos mais estressados do que nos damos conta. A frequência com que isso ocorre foi motivo de surpresa para a psicóloga.

O teste é simples. Há uma questão a ser respondida pela manhã antes de ir para o trabalho e outras que você deverá responder à noite, na hora de dormir.

TESTE DE ESTRESSE DIÁRIO

Pela manhã, antes de sair de casa, responda:
Quando você reflete sobre seu dia, o que o deixa mais preocupado?

À noite, antes de se deitar, passe para as questões abaixo:
Rememore seu dia e reflita sobre a pior parte dele — os momentos em que você se sentiu infeliz, estressado, nervoso, entediado, frustrado, sobrecarregado ou simplesmente tentando passar para a próxima tarefa. Reflita por alguns minutos e responda:

DESCREVA O EVENTO

Em que período do dia aconteceu? Horário: _____

Onde você estava?
- ❏ Em casa
- ❏ No trabalho
- ❏ Num momento de lazer
- ❏ Realizando tarefas
- ❏ Viajando
- ❏ Outro

> **Com quem você estava?** (assinale todas as opções que se aplicam)
> - ❏ Ninguém
> - ❏ Estranhos
> - ❏ Colegas de trabalho
> - ❏ Amigos
> - ❏ Filhos
> - ❏ Cônjuge ou parceiro
> - ❏ Outra família
> - ❏ Animais de estimação
>
> **Era a mesma situação com a qual você estava mais preocupado pela manhã?**
> - ❏ Sim ❏ Não
>
> **Em que medida foi uma situação familiar ou típica para você?**
> - ❏ Primeira vez
> - ❏ Já aconteceu antes
> - ❏ Já aconteceu algumas vezes
> - ❏ Acontece regularmente
> - ❏ Acontece o tempo todo
>
> **Como você se sentia durante a situação que o deixou preocupado pela manhã?**
> - ❏ Nada negativo
> - ❏ Um pouco negativo
> - ❏ Neutro
> - ❏ Um pouco positivo
> - ❏ Muito positivo
> - ❏ A situação não ocorreu
>
> **Como você se sentia durante a situação que registrou à noite?**
> - ❏ Nada negativo
> - ❏ Um pouco negativo
> - ❏ Neutro
> - ❏ Um pouco positivo
> - ❏ Muito positivo
> - ❏ A situação não ocorreu

O que aprendi com as pessoas que fizeram o Teste de Estresse

Realizei o teste com cinquenta pessoas e os resultados me deixaram admirada.

Para começar, cerca de metade dos eventos que as pessoas antecipavam como a pior parte de seu dia não foi a mesma relatada como estressante à noite. Em média, aqueles antecipados pela manhã foram negativos para cerca de metade das pessoas (52%). O restante os considerou positivos (20%) ou neutros (16%), ou observou que o evento nem ocorreu (12%). Assim como na pesquisa de Amie Gordon, muitas vezes os estressores previstos acabaram se revelando não tão ruins assim.

Não causa surpresa que a maioria dos eventos estressantes relatados ao final do dia tenha acontecido no trabalho (66%) e em casa (22%). E embora eles fossem bastante negativos — 84% das pessoas os descreveram como no mínimo moderadamente estressantes —, também eram razoavelmente banais: não cumprir prazos, não realizar tarefas a tempo, não conseguir concluir toda a lista de afazeres. O tipo de situações que inclui as pessoas na categoria Sobrecarregados.

Qual é nosso grau de experiência com estressores não antecipados?

Nesse ponto as coisas ficam surpreendentes. Esses eventos não saíram do nada. Cerca de 72% das pessoas passaram por um "estressor não antecipado" pelo menos algumas vezes e isso ocorreu com bastante regularidade para 34% delas! Os eventos que acabam se revelando mais estressantes para nós são muitas vezes ocorrências regulares. Então por que somos tão ruins em prevê-los?

A experiência rotineira com estressores pode nos deixar menos sensíveis a eles; deixamos de reconhecer o padrão fisiológico em nosso corpo como uma resposta ao estresse. É um pouco como brigar com o cônjuge à noite por causa das contas do mês seguinte. Se isso acontece com frequência, nem percebemos que nossa pressão arterial sobe periodicamente por vinte minutos entre as oito e as dez da noite todos os dias.

Recomendo fazer o teste do estresse por pelo menos alguns dias seguidos ou, a fim de obter uma compreensão mais abrangente de seu padrão, uma semana ou mais para descobrir que tipo de evento deixa seu coração muito acelerado no trabalho. Tenha em mente que as respostas podem surpreender. Às vezes percebemos que, embora lidemos rotineiramente com a eventual inatividade de um colega, essa ainda é a maior fonte de estresse que enfrentamos todos os dias. E a boa notícia é que, após descobrir seus gatilhos na vida profissional, você pode fazer perguntas durante as etapas dois e três para entender se determinado ambiente de trabalho é adequado para você em termos de estresse.

ALGUMAS DICAS FINAIS

Antes de começar, talvez seja útil aprender alguns truques para facilitar o processo de encontrar um novo emprego, independentemente do seu perfil.

Dois dos mais importantes são: o que devo dizer quando me dirijo a estranhos? Qual a melhor estratégia para me candidatar a uma vaga de emprego?

O que dizer a estranhos numa rede de contatos?

No mundo corporativo, o networking é como respirar. Todo especialista que entrevistei destacou sua importância para conseguir um emprego — seja no dia seguinte, seja daqui a dez anos. Cada capítulo fornece orientações específicas sobre o tipo de pessoa a incluir na rede de contatos e quais perguntas você deve fazer durante a conversa. No entanto, pode ser muito constrangedor dizer: "Você não me conhece, mas será que podemos conversar sobre sua carreira?".

Para orientá-lo, perguntei a quatrocentas pessoas o que aumentaria a probabilidade de responderem a um pedido assim. A boa notícia é que 51% responderam que o fariam, mas sob condições específicas. A melhor maneira para isso é ter um contato numa rede compartilhada, e não precisa ser uma pessoa; pertencer a um mesmo grupo nas mídias sociais pode ser uma boa (grupos no LinkedIn e outros sites de empregos funcionam bem). Entre em contato com a pessoa por e-mail ou via LinkedIn (não utilize a conta de redes sociais pessoal dela) e deixe uma mensagem dizendo como a encontrou, para que perceba que não se trata de spam ("Achei seu nome numa busca por pessoas que trabalham em áreas Stem [ciência, tecnologia, engenharia e matemática, na sigla em inglês]", por exemplo). Mencione alguns fatos pessoais a respeito dela ("Vi que você trabalhou em tal empresa há cerca de cinco anos"), dê-lhe uma lista de perguntas que quer fazer (recomendo *bullet points*, para manter a brevidade) e solicite uma conversa de quinze minutos por Zoom ou celular. E, faça o que fizer, não envie um convite eletrônico antes de obter uma resposta nem peça para fazer uma chamada de uma hora. E é isso! Seguindo esses passos básicos, você está no caminho certo para construir uma rede de contatos nova e significativa.

Qual a melhor estratégia para me candidatar a uma vaga de emprego?

Os gerentes de contratação e recrutadores com que conversei a respeito de rede de contatos foram unânimes em dizer que as pessoas se candidatam a empregos *demais*.

William Tincup, influenciador e presidente da RecruitingDaily.com, foi direto: "Se você se candidata a mil empregos, isso é um sinal de fracasso". Fazer isso hoje em dia é mais fácil do que nunca, em geral basta clicar num botão. Porém, ao adotarmos uma estratégia de "quanto mais, melhor", muitas vezes pulamos os passos complicados: adaptar nossas informações à descrição do cargo, entrar em contato com funcionários da empresa para aprender mais sobre ela, até mesmo visitar o site da firma para descobrir o que fazem. Perguntei a duzentos profissionais de contratação: "Quando se candidata a um emprego, a pessoa deve...", seguido de uma lista de práticas. Eis as cinco respostas mais recomendadas, com a porcentagem de indivíduos que as endossaram:

- Envie um currículo feito especificamente para cada vaga de emprego (91%).
- Inclua no currículo como você contribuiu positivamente para os resultados da empresa em que trabalha (86%).
- Inclua todos seus certificados, diplomas e idiomas que domina (entre 83% e 94% para essas três coisas).
- Prepare uma carta de apresentação específica para cada lugar (73%).
- Utilize no currículo palavras ou frases da descrição do cargo (72%).

Com essas dicas na manga, você já pode começar! Boa sorte e lembre-se de manter as respostas do seu Teste de Estresse por perto à medida que avança na leitura. Encontrar um emprego que atenda a suas necessidades de carreira é tão importante quanto encontrar um emprego que permita manter seus níveis de estresse sob controle.

1. Em Crise de Identidade

*Achei que essa carreira fosse sob medida
para mim, mas agora tenho dúvida*

Estou diante de Timothy, especialista em tecnologia que trabalha na mesma empresa há oito anos. Antes da entrevista, disse a ele que o achava perfeito para ilustrar o capítulo sobre o profissional Em Crise de Identidade — alguém que passou anos aperfeiçoando suas habilidades, mas nutre sentimentos ambivalentes sobre seu trabalho e às vezes considera mudar de área.

Pouco depois do início da entrevista, começo a questionar minha escolha. "Sei do que trata esse capítulo e não sou a pessoa ideal a ser entrevistada", Timothy me diz logo de cara.

"Desde o ensino médio, sempre fui aquele para quem as pessoas pediam ajuda com tecnologia", conta, e complementa com uma declaração apaixonada sobre como "a tecnologia é o alicerce de todas as funções da sociedade". Se a ideia dele é refutar minha hipótese de que não se dedica mais à profissão, ele está fazendo um bom trabalho. Além do mais, há o pequeno detalhe de não ter planos imediatos de deixar seu emprego e nem sequer estar realmente à procura.

Mas, no decorrer de nossa conversa de 45 minutos, convenço-me de que Tim está de fato questionando sua identidade. Há uma ambivalência em suas afirmações que capta perfeitamente a complexidade do sujeito Em Crise de Identidade. Para alguém como ele, a mudança de engajamento com o trabalho não é algo do tipo oito ou oitenta — ou seja, não são workaholics comprometidos em um dia e *"quiet quitters"** no outro. Essas pessoas vivem uma relação de amor e ódio com seus empregos, muitas vezes concomitantemente. Seus sentimentos são ambíguos e com frequência levam muito tempo para serem compreendidos ou processados.

Para Tim, boa parte dessa confusão deriva de sua relação com a empresa.

Como em muitas organizações, seu escritório atravessava um período de leve desânimo que se alastrara pelo ambiente corporativo como um vírus. Os funcionários pararam de aparecer e, em sua área, o serviço não pode ser feito apenas de modo remoto (a tecnologia nas salas de reunião precisava ser configurada pessoalmente, com alguém presente para conectar cabos e verificar o software, por exemplo). Resultado: erros foram cometidos e muita gente pediu as contas ou foi mandada embora. Tim, que se orgulha de nunca ter contraído esse vírus, mudou de cargo, buscando uma situação mais auspiciosa. Ele queria se rodear de colegas que trouxessem energia ao ambiente de trabalho. Ou que ao menos estivessem dispostos a comparecer ao local.

Mas, ao ser transferido para uma filial, localizada em outro prédio, só encontrou mais desânimo e gente desmotivada. Começou a lhe ocorrer que talvez todo escritório de TI fosse desse jeito — que a era de especialistas em tecnologia comprometidos ficara no passado distante.

Percebi indícios de que ele começava a questionar de que maneira essa realidade poderia afetar sua identidade como alguém que ama sua carreira em tecnologia. Vez por outra ele mencionava a possibilidade de se mudar para outro estado e trabalhar com ensino superior (algo que exigiria retomar os estudos). Porém, quando perguntei se estava de fato considerando uma mudança de carreira, ele descartou a ideia com um gesto de mão. "Isso de ser professor é para quando eu for bem mais velho", disse.

Durante nossa entrevista, vi que Tim oscilava entre ambicionar uma carreira diferente e progredir na atual, entre recomeçar do zero e obter a promoção com que sempre sonhara. Da minha perspectiva, ele se encontrava nos estágios iniciais de uma crise de identidade. Surgiram algumas fissuras, mas por

---

* O movimento *"quiet quitting"* (demissão silenciosa) ganhou proeminência durante a pandemia de covid-19, e envolvia profissionais que, insatisfeitos com o trabalho e em busca de maior qualidade de vida, passaram a realizar o mínimo necessário para a execução das tarefas exigidas para seu cargo. (N. E.)

enquanto nada se rompeu. Ainda há dias bons que o estimulam a ir ao escritório. Ultimamente, porém, tem se perguntado se um emprego em tecnologia, algo do qual sempre se orgulhou, continua sendo o mais indicado para ele.

Outros com quem conversei estão numa fase bem mais adiantada de sua trajetória. Susan — uma professora que se tornou pesquisadora em UX (experiência do usuário) — passou por situação muito similar à de Timothy alguns anos antes de se decidir por uma grande virada.

Embora desfrutasse de estabilidade na universidade e estivesse totalmente comprometida com a carreira acadêmica, seu trabalho mudou drasticamente durante a pandemia, transformando-se numa atividade que ela não reconhecia mais. A recessão subsequente resultou em demissões e decisões indesejadas tomadas de cima para baixo, incluindo quem daria os cursos que ela lecionava regularmente. Com as novas normas, experimentou uma mudança em si mesma que a surpreendeu: uma perda súbita de eficiência. Por mais que desse duro, não saía do lugar. A despeito de seu excelente desempenho durante toda a vida profissional, a falta de envolvimento das pessoas a sua volta começou a minar sua confiança. "Fiquei insegura de meu valor, mesmo tendo realizado muita coisa e sentindo orgulho de tudo", ela me disse. Com Susan percebi que não é preciso fracassar no trabalho para ter uma crise de identidade. Muitas pessoas em transição de carreira, como ela e Timothy, estão se saindo muito bem em sua área, mas ou não recebem reconhecimento ou o reconhecimento não é mais suficiente para fazê-las se sentirem bem consigo mesmas. Os picos de dopamina são interrompidos.

Assim que percebeu que ser professora não era mais uma parte importante de sua identidade — processo que levou tempo e exigiu muito networking para ser identificado —, Susan foi metódica em sua transição. Na verdade, muitos passos que recomendo aqui foram inspirados na trajetória dela, que se dedicou por algum tempo a criar uma rede de contatos com pessoas alheias ao universo acadêmico, aprendendo a descrever suas habilidades de maneiras novas. Aprendeu como e quando falar no tom de outra área, o que a ajudou a desenvolver sua nova identidade profissional. E aprendeu o jargão e os acrônimos apropriados para seu currículo. Essas pequenas aquisições de novos conhecimentos se somaram e no fim ela conseguiu o emprego de seus sonhos.

O que é um profissional Em Crise de Identidade?

Este capítulo não diz respeito a pessoas com medo de se dedicar a uma carreira, ou que não se importam com alguns percalços na trajetória de sua descoberta profissional, mas àquelas determinadas há anos a fazer sucesso numa profissão — que sentiram sua identidade ser moldada por sua carreira e não são do tipo que a abandona num impulso. Elas construíram sua identidade em torno do que fazem ou do que as atribuições do cargo exigem. Muitas progrediram o bastante para ter passado pelo processo de triagem inicial e alguns, como Susan e Timothy, desfrutam de qualificações invejáveis — galgaram os degraus mais elevados de sua profissão, mas então começaram a surgir dúvidas.

A decisão de pedir as contas é difícil e talvez seja o pior obstáculo enfrentado pelas pessoas que entrevistei para este livro. Ela pode afetar nossos relacionamentos fora do trabalho, sobretudo se formos bem remunerados e houver pessoas cujo sustento depende de nós. Susan enfrentou resistência de seus pais imigrantes, que passaram décadas assegurando que os filhos tivessem oportunidades que eles não tiveram. Foi um choque para os dois vê-la se desviar de um caminho com garantia de uma renda estável. Outra profissional em transição contou que seu parceiro a acusou de ser "irresponsável, egoísta e caprichosa". O trabalho do parceiro bancou sua faculdade e haviam acabado de saldar sua dívida estudantil. "Mas eu não conseguia parar de me perguntar: 'Será que é isso mesmo que quero fazer pelo resto da vida?'", ela me disse. Não dava para viver com essa angústia, e então ela pediu demissão antes mesmo de obter um novo emprego.

Conversei com dezenas de pessoas que enfrentavam uma crise de identidade no trabalho, algumas tão aterrorizadas com a possibilidade de estar cometendo um erro em pedir demissão que passavam boa parte do dia considerando oportunidades de emprego, em vez de trabalhar. A maioria seguia um processo em três etapas: rolar páginas de anúncios até se apaixonar por um emprego ideal, descobrir quem conseguiu esse emprego dos sonhos e pesquisar sobre a pessoa para descobrir as qualificações e trajetória profissional dela. Poucas de fato deram o passo seguinte e procuraram incluir esses profissionais em sua rede de contatos. É mais ou menos como entrar em aplicativos de namoro e nunca ter um match. Parece um passo na direção certa, mas no fim você continua sem sair de casa, com medo de se expor. A primeira etapa deste livro é sobre quebrar esse ciclo de fantasiar com outra carreira.

PRIMEIRA ETAPA: POR QUE ESTOU INFELIZ? DESCUBRA SEU PONTO DE PARTIDA PSICOLÓGICO

Pessoas em crise de identidade com o trabalho devem se fazer uma questão fundamental: *Estou de fato pronto para mudar de carreira?*

Estar psicologicamente preparado é uma questão complexa. Exige compreender nossos sentimentos de apego a nossa posição antes de mudar de carreira. Para dar início a esse processo, o primeiro passo é avaliar até que ponto nos identificamos com nossa carreira e nosso ambiente de trabalho atuais.

Em que medida me identifico com minha carreira atual?

Perguntei a um dos autores de *O poder do nós*, Jay J. Van Bavel, que estuda como a identidade molda nossos pensamentos e comportamentos, por que a identificação no trabalho é tão importante. Jay conduziu dezenas de estudos mostrando como uma identidade fortemente arraigada pode levar alguém a se entregar a todo tipo de comportamento, bom e ruim. Isso explica por que as pessoas acreditam em teorias da conspiração e entram para cultos (para dar um exemplo negativo), bem como por que continuam motivadas no trabalho e, em alguns casos, têm dificuldade de deixar um emprego que já não as satisfaz.

Perguntei a ele se existe um modo de as pessoas visualizarem o grau de sua identificação com o trabalho e se é possível perceberem em si mesmas indícios de que ela começou a declinar.

O primeiro passo, ele disse, é tentar compreender quais identidades estão em jogo. "As pessoas muitas vezes não têm consciência de suas identidades, não sabem como elas restringem como pensamos, como nos comportamos e com quem nos conectamos. No trabalho, há duas identidades relevantes.

Primeiro, precisamos nos perguntar se temos uma identidade com a empresa. Em caso afirmativo, isso pode dificultar a saída para outra empresa, mesmo que o plano seja continuar na mesma área. Segundo, até que ponto a pessoa se identifica com seu cargo ou sua profissão."

Pode parecer estranho, mas é possível ter uma forte identidade organizacional (adorar a empresa onde você trabalha) mesmo sem haver uma forte identidade profissional, sobretudo se você desfruta de muitos relacionamentos próximos no trabalho: pessoas com quem gostaria de permanecer em contato mesmo após uma guinada radical na carreira. Conforme você começa a contemplar a ideia de pedir demissão, pare um momento para avaliar em que medida você se identifica com sua carreira atual. Apresento abaixo itens desenvolvidos por Colin Wayne Leach, especialista em identidade e professor de psicologia, que medem dois componentes da identidade:[1] *centralidade*, ou até que ponto sua identidade de carreira ocupa um lugar central, e *satisfação*, ou seja, até que ponto sua identidade lhe traz alegria. Os dois tipos de identidade são importantes para você visualizar o que espera de sua futura carreira e tendem a operar independentemente. É possível, por exemplo, ter uma profunda identificação com a carreira (é uma parte importante de como você se define), ainda que ela traga pouquíssima satisfação.

Insira sua profissão nos espaços em branco do quadro a seguir e classifique cada afirmação numa escala de 1 (nem um pouco) a 5 (muito).

Quando fizer esse teste pela primeira vez, responda ambas as séries de questões duas vezes: uma para sua carreira (por exemplo, "diretor criativo") e uma para seu ambiente corporativo, substituindo o nome do cargo pela empresa (por exemplo, "funcionário da Disney"). Se você constatar que possui forte centralidade de identidade e forte satisfação de identidade com sua carreira, mas centralidade e satisfação fracas em relação ao ambiente de trabalho, talvez não esteja tão inclinado a mudar quanto pensa. Como vamos ver no próximo capítulo, às vezes sentimos tamanha negatividade em relação ao emprego que nosso descontentamento contamina todas as facetas de nossa vida profissional: desde o tempo que ficamos presos no trânsito para nos deslocarmos ao trabalho até a estrutura de promoções da empresa. O objetivo aqui é assegurar que não estamos confundindo falta de identificação com a empresa com falta de identificação com a carreira. Seria uma pena largar uma carreira com a qual ainda nos identificamos só porque detestamos o ambiente de trabalho.

Estas afirmações captam sua *centralidade de identidade*:

A. Frequentemente penso no fato de que sou _____
_____
_____
① ② ③ ④ ⑤

B. Ser um(a) _____
é uma parte importante de minha autoimagem.
① ② ③ ④ ⑤

Estas afirmações captam a *satisfação com a identidade*:

C. Estou feliz em ser um(a) _____
_____
_____
① ② ③ ④ ⑤

D. Acredito que _____
têm muitos motivos para sentir orgulho.
① ② ③ ④ ⑤

E. É um prazer ser _____
① ② ③ ④ ⑤

F. Ser um(a) _____
me proporciona uma sensação agradável.
① ② ③ ④ ⑤

Centralidade de identidade = (Respostas de A + B) ÷ 2
_____
_____

Satisfação de identidade = (Respostas de C + D + E + F) ÷ 4
_____
_____

Uma vez realizadas as duas etapas do teste (centralidade de identidade e satisfação de identidade), você precisará criar duas pontuações separadas (somando sua pontuação total e dividindo-a pelo número de itens: 2 para centralidade de identidade e 4 para satisfação de identidade). Uma pontuação média de 3 ou menos (entre 5 possíveis) significa que está pontuando relativamente baixo nessa métrica, e uma pontuação de 4 ou mais significa que está pontuando relativamente alto.

Por exemplo, eis algumas de minhas respostas:

A. Frequentemente penso no fato de que sou uma professora de psicologia. (4)

B. Ser um(a) professora de psicologia é parte importante de minha autoimagem. (5)

C. Estou feliz em ser um(a) professora de psicologia. (4)

D. Acredito que professores de psicologia têm muitos motivos para sentir orgulho. (4)

E. É um prazer ser professora de psicologia. (3)

F. Ser um(a) professora de psicologia me proporciona uma sensação agradável. (5)

Centralidade de identidade = (Respostas de A + B) ÷ 2

A minha é: (4 + 5) ÷ 2 = 4,5, ou relativamente alta

Satisfação de identidade = (Respostas de C + D + E + F) ÷ 4

A minha é: (4 + 4 + 3 + 5) ÷ 4 = 4, ou relativamente alta

Não esqueça de fazer o mesmo para seu ambiente de trabalho.

Após ter realizado esse teste, talvez você esteja se perguntando: "Como minha pontuação se compara à de outras pessoas que estão pensando em mudar de carreira?". Entrevistei duzentos indivíduos que pensavam em, ou estavam no processo de, mudar de carreira. Analisando a centralidade e a satisfação deles em relação à carreira, observei que em média pontuavam alto (mais de 3) ou baixo (menos de 3) — poucos ficaram no meio da escala. Com base nessa observação, criei quatro categorias diferentes:

Muitos nesse estudo (38%) obtiveram uma pontuação elevada tanto em centralidade como em satisfação de identidade — são os Prósperos. Isso é fascinante, considerando que selecionei pessoas que estavam pensando em mudar de carreira. Timothy, que contemplava pedir demissão mas logo mudou de ideia, provavelmente se encaixa nessa categoria. Se esse for o seu caso, talvez você tenha avaliado sua identidade em um "dia bom", quando as coisas no trabalho corriam às mil maravilhas. Mais adiante falo sobre a importância de repetir o teste a fim de buscar estabilidade em sua pontuação, antes de tomar a grande decisão. Contudo, se você tem uma identidade forte e estável, provavelmente se enquadra em um dos outros tipos que menciono no livro, aqueles que desejam continuar na mesma área, mas querem mudar de emprego (a Estrela Subestimada e o Segundo Colocado recaem nessa categoria).

SATISFAÇÃO DE IDENTIDADE

	ALTA	BAIXA
BAIXA	Prósperos 38%	Obstinados 20%
ALTA	Alienados Felizes 13%	Desesperados 29%

CENTRALIDADE DE IDENTIDADE

Os Desesperados representam 29% dos indivíduos nesse estudo. Com baixa pontuação tanto em centralidade como em satisfação de identidade, essas pessoas já se desligaram psicologicamente de suas carreiras. Há um bocado de motivos práticos pelos quais podem não estar prontos para sair, mas o medo de perder parte de si no processo não é um deles. É um pouco como continuar a viver na mesma casa em uma relação estéril por motivos puramente práticos — falta de dinheiro para pagar dois aluguéis; ter um cachorro e não saber quem vai ficar com ele. Em um relacionamento amoroso, o peso das questões práticas muitas vezes mantém as pessoas atreladas uma à outra por anos depois que a chama já se apagou. No trabalho, a estabilidade — um dia de trabalho previsível, um contracheque polpudo ou saber que ninguém vai mandá-lo para o olho da rua tão cedo — atua como uma cola invisível, prendendo-o a uma carreira que você não ama e com a qual não se importa.

Os Alienados Felizes, que representam 13%, estão bastante satisfeitos com suas identidades, apenas não as veem como fundamentais para quem são como pessoas. Muitos de nós podemos perfeitamente seguir a vida sem um trabalho que nos defina. Se você for um Alienado Feliz, a questão a se propor é a seguinte: *Preciso* mesmo que minha carreira seja um aspecto central de minha identidade ou há outras coisas na vida que se prestam a esse fim? Nem todos extraem um senso de propósito do trabalho, mas nem todos estão à procura disso. Contudo, se você estiver em uma profissão em que *haja a expectativa* de uma forte identidade com o ambiente corporativo — e você será punido só por não tê-la —, o descompasso entre você e os demais ao redor pode causar tensão. Foi assim que me senti em relação a um emprego que tive no comércio. Todo mundo estava envolvido no exercício de integração da equipe e nas competições de vendas entre lojas, exceto eu; minha intenção ali era apenas ganhar dinheiro. Ter de lidar com um ambiente de trabalho em que as pessoas me olhavam com desprezo era constrangedor.

A categoria mais complicada de todas é o Obstinado, que compõe mais de 20% da minha amostra. Tenho pena dessa gente. Raramente extraem algum prazer de sua identidade com o emprego, mas ainda assim ele é um aspecto central de quem são como pessoas. Elas têm uma relação de amor e ódio com o ambiente corporativo, e a maioria sofre há tanto tempo que já se acostumou. Se você alguma vez já se pegou trabalhando incansavelmente nas férias, a despeito de ficar amargo o tempo todo por isso, ou assumindo uma responsabilidade atrás da outra não porque apreciasse o trabalho, mas porque recusá-las faria com que se sentisse um fracasso, essa categoria é a sua.

Avalie sua identidade inúmeras vezes, não apenas uma

A identidade é uma coisa complexa e frequentemente varia ao longo do tempo. As mudanças de ênfase que a pessoa dá a sua identidade no ambiente de trabalho não são lineares nem seguem um declínio regular, mas são caracterizadas por picos e quedas bruscas. Alguns percebem a satisfação de identidade diminuir muito antes de sentirem uma diminuição na centralidade de identidade, caindo na categoria do Obstinado antes de se tornarem um

Desesperado. Profissionais da saúde, que nos últimos tempos têm sofrido esgotamento, costumam se encaixar nessa categoria. Muitos estão profundamente comprometidos com o trabalho, mas enfrentam dificuldades devido ao intenso estresse a que estão sujeitos.

Antigas identidades não morrem com facilidade e aqueles Em Crise de Identidade que entrevistei muitas vezes falavam de suas antigas profissões como falamos de relacionamentos amorosos problemáticos: num momento há paixão, no seguinte a coisa esfria, depois volta a esquentar. É difícil sair dessa montanha-russa emocional. Questionar se a sua identidade profissional se foi para sempre pode ser uma ameaça existencial. "Muita gente que muda de carreira só entende essa questão da identidade quando chega a hora de largar o antigo trabalho. E fazer isso pode ser extremamente angustiante", afirma Jay Van Bavel.

Por esse motivo, a partir do momento em que você contemplou a ideia de se demitir, é importante avaliar várias vezes, no decorrer de meses, a ênfase dada à identidade. Não tome uma decisão radical com base num único dado, submeta-se a uma avaliação consistente. Nossas identidades não são estáticas por natureza, e podemos ficar tentados a extrair demasiado significado de um dia ruim. Acontecimentos esporádicos podem estimulá-lo ou ameaçá-lo. Um dia o chefe nos elogia e nosso senso de identidade vai lá em cima; no outro, somos massacrados por mais solicitações do que conseguimos atender e ele volta a despencar.

Para ajudar nesse processo, recomendo realizar o Teste de Estresse Diário que apresentei na introdução durante a mesma janela de tempo em que você completa a avaliação de identidade (ou dois componentes da identidade, detalhados abaixo). Fazendo isso, você compreenderá melhor quais fatores coincidem com as alterações na percepção da identidade. Pergunte a si mesmo quais estressores (antecipados ou não) desencadeiam oscilações. Os mais comuns incluem a falta de reconhecimento por suas contribuições, as alterações imprevistas nas normas e regras e os sinais do ambiente, como trabalhar em um escritório completamente vazio ou muito cheio.

Analisar o que coincide com as modificações no grau de sua identidade — como determinada dinâmica de relacionamento que desencadeia o estresse ou um período prolongado trabalhando com colegas desmotivados — pode lhe proporcionar insights importantes sobre o que esperar em sua carreira.

Imagine, por exemplo, que você percebeu uma queda de sua centralidade e satisfação identitárias quando parou de ser reconhecido por suas contribuições. Você quer que um reconhecimento efetivo seja uma meta futura, para evitar se ver às voltas com outra crise no emprego seguinte.

> **Tive pouca identidade com a carreira por um longo tempo. O que devo fazer agora?**

Se você constatou uma queda constante em sua centralidade e satisfação identitárias, pergunte-se uma última coisa antes de seguir em frente: *Em que medida me sentirei mal se não puder mais fazer esse trabalho?*

Essa questão, que é importante para avaliar até que ponto estamos dispostos a mudar de emprego, pode desencadear algumas emoções que talvez ainda não tenhamos processado, inclusive o medo do fracasso. Esse medo pode nos levar a fazer coisas estranhas, como mergulhar de cabeça no trabalho, numa derradeira tentativa de provar para nós mesmos que fizemos tudo ao nosso alcance para que ele desse certo. Susan, por exemplo, passou muito tempo se voluntariando para ajudar outros professores às vésperas de pedir demissão. Qualquer um que tenha feito terapia de casal pouco antes de um divórcio é capaz de se identificar com essa experiência. Acho que meu marido e eu saímos à noite mais vezes nos dois meses que precederam nossa separação do que durante todo o casamento!

Conforme você avança pela primeira etapa, lembre-se de que não há problema em ter sentimentos ambivalentes sobre sua atual carreira. Explorar opções, algo que você fará na segunda etapa, não é o mesmo que se demitir. Você descobrirá que interações pequenas e significativas com as pessoas em sua potencial nova profissão o ajudarão a processar a perda de sua antiga identidade à medida que começa a construir uma nova profissão. Essas interações podem ser feitas num ritmo que lhe pareça confortável.

SEGUNDA ETAPA: O QUE ESPERO DE MINHA FUTURA CARREIRA?

Para quem está passando por uma mudança de identidade no trabalho, esta segunda etapa da transição de carreira pode soar intimidadora. Questões do tipo "Como deve ser minha nova identidade, se não sei quais são as possibilidades?" e "Como posso saber o que existe por aí se passei os últimos anos dedicado a uma única coisa?" são comuns nessa etapa. Assim como certa sensação de paralisia: você sabe o que *não* quer fazer, mas não tem a menor ideia do que poderia gostar. Por estar tão familiarizado com o que deu errado, pode ficar tentado a fazer uma lista de coisas que com certeza vai querer evitar no futuro.

Focar as diferenças cruciais entre sua carreira antiga e futura é importante, mas insisto que não parta daí. Em vez disso, tente uma abordagem diferente: não pense nas diferenças entre o que você quer fazer e sua atual carreira, mas nas *semelhanças*.

Crie uma lista de habilidades preserváveis

Para fazer isso, você precisará elaborar uma lista de habilidades aplicáveis: competências em que é bom e espera levar para sua próxima carreira. O processo exige certa sutileza. Como descobri com os candidatos durante a pesquisa, pequenas diferenças em como formulamos nossas habilidades podem influenciar imensamente não apenas nosso grau de interesse em voltar a usá-las, mas também o modo como falamos sobre transferir essas habilidades para uma nova profissão em nossas conversas com a rede de contatos.

Permita-me ilustrar isso com um breve exercício.

Exercício das Três Coisas

1. Pense em uma das tarefas que você executa no trabalho.

2. Que habilidade é necessária para executá-la?

3. Em que contexto você a executou?

Agora realize esse exercício cinco vezes para captar cinco diferentes tarefas, habilidades e contextos. Chamo isso de Exercício das Três Coisas.

Realizei esse exercício com uma centena de pessoas que pensavam em mudar de carreira e comparei suas respostas às de outras cem pessoas que efetuaram uma versão mais simples do exercício, em que lhes pedi para escrever "cinco diferentes habilidades" que tivessem. Chamarei esse conjunto de pessoas de grupo de habilidades. É comum entre recrutadores que trabalham com pessoas em transição na carreira a pergunta: "Que habilidades você possui que espera empregar em sua próxima carreira?". A maioria não pede para detalhar a resposta, especificando que tarefa você está executando na qual essa habilidade se aplica ou o contexto em que está fazendo isso.

Comparando esses dois grupos, descobri que a formulação do conceito exerceu um impacto gigantesco nas respostas. De um modo geral, o grupo de habilidades listou competências tão gerais que mais pareciam traços de personalidade do que habilidades executadas no trabalho, como ser adaptável, ágil, bom solucionador de problemas ou atento aos detalhes, por exemplo. Por outro lado, as pessoas que fizeram o Exercício das Três Coisas foram muito mais específicas, focando habilidades concretas do currículo. Por exemplo, um administrador de vendas escreveu "distribuir a carga de trabalho diária" para a tarefa, "pacote Office avançado" para a habilidade e "um escritório superlotado" para o contexto.

Assim que você tiver uma lista de suas habilidades específicas nessa etapa — independentemente de trabalhar com o Word ou elaborar provas para alunos do terceiro ano do fundamental —, comece a pensar em quais dessas habilidades quer aplicar em sua próxima carreira. Ter habilidades específicas em mente o ajudará a obter respostas concretas de sua rede de contatos para a questão "Como traduzir uma habilidade de minha antiga carreira para uma nova?". Por exemplo, se alguém chegasse para mim e dissesse "Eu era ágil e um bom solucionador de problemas na minha carreira anterior. Essas habilidades são relevantes para um professor?", minha resposta seria: "Claro! Características positivas como essas sempre são uma boa coisa". Mas se alguém chegasse para mim e dissesse "Sou um gênio no Microsoft Office. Isso é uma habilidade útil para um professor?", minha resposta seria muito mais ponderada e fundamentada na realidade do dia a dia de um professor. O Exercício das Três Coisas também nos ajuda a pensar concretamente sobre nossas expectativas quanto ao cotidiano de nosso futuro trabalho. A pessoa talvez se dê conta, por exemplo, de que adora usar o Microsoft Office, mas quer ir além do serviço burocrático de distribuir a carga de trabalho diária. E todo mundo odeia um escritório superlotado. Saber qual dessas três coisas você quer manter — inclusive *onde* quer trabalhar ou com que tipo de pessoas (se é que deseja trabalhar com alguém!) — o ajudará a fazer o ajuste fino em sua busca por uma carreira.

Tenha clareza do que você espera de sua nova identidade de carreira

Agora que sua lista de habilidades aplicáveis já está bem encaminhada, o passo seguinte é ter clareza do rumo que quer tomar. Não se preocupe, essa etapa não exige que você arrume um novo emprego (nem que se candidate a um). Mas exige que crie sua rede de contatos com pessoas informadas em primeira mão sobre as potenciais novas identidades que está explorando. A melhor maneira de começar a desenvolver uma nova identidade é marcar uma série de conversas breves para descobrir como é a rotina de diferentes profissões. Mais adiante mostro em detalhes como deve ser sua estratégia de networking para agendar esses bate-papos, mas comecemos com exemplos concretos do que faz uma identidade no trabalho ser clara ou confusa.

As cientistas sociais Shoshana Dobrow e Monica Higgins observaram 136 pessoas em transição profissional ao longo de cinco anos, documentando as formas assumidas por suas identidades de carreira.[2] Como parte do estudo, coletaram amostras das descrições das pessoas sobre suas identidades de carreira para verificar se a clareza a respeito delas predizia sucesso no trabalho.

Eis um exemplo de alguém nesse estudo com uma clara identidade de carreira:

> Embora eu tenha certeza de que apreciaria trabalhar com imóveis, é difícil entrar no setor imobiliário. Este é o momento perfeito para fortalecer minha experiência nessa área. Meu histórico profissional claramente aponta para o ramo imobiliário.

Essa pessoa não sabe exatamente *como* se tornar um corretor — e prevê algumas barreiras para o sucesso —, mas tem certeza de que quer ser um. Vale notar que ter uma forte identidade de carreira significa que sabemos o que queremos ser, mas não necessariamente como chegar lá. Não há problema em começar a explorar antes de descobrir. É para isso que servem as redes de contatos.

Eis um exemplo de uma pessoa com uma identidade de carreira pouco clara:

> Tenho tido dificuldade de direcionar meu foco para um papel específico. Estou considerando trabalhar em marketing para empresas de *lifestyle* como mídia, entretenimento, moda, beleza [...] ou trabalhar com arte, para poder ter tempo livre para continuar meu trabalho [como empreendedor], ou em uma casa de leilões [...] ou em desenvolvimento de novos produtos em uma empresa criativa. Sei que quero estar em um lugar onde consiga aprender e crescer, mas fico muito receoso de dar o primeiro passo e acabar tomando um rumo errado.

Essa pessoa tem uma visão muito geral de suas áreas de interesse, e nesse momento considera opções que estão apenas tangencialmente relacionadas. Moda, beleza e entretenimento aparentemente se enquadram na mesma categoria, mas exigem conjuntos de habilidades muito diferentes e envolvem tarefas diferentes. Querer "aprender e crescer" é ótimo, mas muito vago.

Talvez você se identifique mais com a segunda pessoa nessa etapa — seu interesse compreende uma lista ampla de ocupações que podem ou não estar relacionadas entre si, e tudo bem. Para ajudar a pôr em marcha o processo de formação de identidade, considere sua lista de habilidades preserváveis da primeira etapa como um ponto de partida, junto com suas respostas para o Exercício das Três Coisas. Aprender como suas habilidades preserváveis são aplicadas a novas tarefas e contextos deve ser seu primeiro objetivo durante o networking.

Networking para a construção de identidade

Em seu estudo, Shoshana Dobrow e Monica Higgins não se limitaram a avaliar como as pessoas descreviam suas identidades; também coletaram dados sobre quem era capaz de criar identidades claras e encontrar um emprego que se ajustasse a elas. Nem todas as pessoas bem-sucedidas estavam em um caminho de carreira linear e muitas delas redefiniram suas identidades algumas vezes. Mas, independentemente da direção tomada, os que foram capazes de encontrar uma resposta para a pergunta "Quem quero ser daqui para a frente?" progrediram no trabalho (e muitas vezes mudaram de emprego). Para isso, utilizaram suas redes de contatos. Na verdade, ter conversas individuais ajudou as pessoas a redefinir suas identidades muito mais do que desenvolver novas habilidades, fazer cursos, obter novos certificados e ler livros.

Se você é bem estabelecido em sua carreira, provavelmente tem muitas habilidades de networking. A rede de contatos da maioria das pessoas que atua em uma carreira por muito tempo é chamada pelos cientistas de "densa" — um monte de conexões com pessoas que trabalham na mesma empresa ou com pessoas da mesma área. Conduzi um estudo com uma centena de indivíduos que pensavam em fazer a transição de uma carreira estabelecida para uma nova. Pedi a eles que fizessem uma lista de dez pessoas que conheceram ao longo da carreira, além de dizer como as conheceram. Esse método não capta toda a rede de contatos, mas nos dá uma ideia do tipo de pessoas às quais estamos conectados. Descobri que mais da metade de seus contatos — mais de seis em dez — era com gente que trabalhava na mesma empresa que eles. Um pouco mais de quatro em cada dez eram da mesma área ou da mesma equipe. No total, quase três quartos dos contatos desses indivíduos — 74% — eram com pessoas de seu setor. Também perguntei se (e como) seus contatos se conheciam entre si. Quase todos os contatos compartilhados trabalhavam para a mesma empresa; as pessoas se conheciam porque se encontravam diariamente no trabalho. No geral, não nos aventuramos muito longe de nossa empresa do momento ao formar redes de contatos profissionais.

Com quem você deve criar redes de contatos, além de seus colegas de trabalho?

Para desenvolver uma nova identidade clara, você precisará criar uma rede de contatos mais ampla e menos centrada na carreira. Conhecer as pessoas no seu trabalho é natural, mas para dar uma guinada você precisará criar uma nova rede composta de pessoas que têm diferentes experiências, trabalham em empresas diferentes e ocupam cargos diferentes do seu. Em resumo, seu objetivo é buscar informações que não coincidam com aquelas da sua rede atual.

Essa abordagem pode parecer contraintuitiva. Não deveríamos estar conectados a pessoas que se conhecem e podem nos ajudar a conseguir um novo emprego? No futuro, sim, mas por ora, não. Nessa etapa, quanto mais sobreposição de informação houver entre as pessoas, mais você presumirá que obteve uma imagem clara de como é determinada carreira, quando na realidade está com uma imagem tendenciosa e estreita. Você também pode presumir que as experiências compartilhadas dizem algo sobre a carreira em comum dessas pessoas, quando na realidade elas dizem mais sobre o chefe delas, o ambiente corporativo ou até algo tão simples como o número de folgas que os funcionários tiram.

Se os seus contatos apresentam uma ligação tênue ou nenhuma ligação entre si, você receberá respostas diferentes para as questões sobre o que é necessário para ter sucesso, se as suas habilidades aplicáveis são valorizadas e como deve ser o dia a dia das diferentes carreiras nas quais está interessado. Os benefícios de uma rede de contatos diversificada em que nem todo mundo se conhece são muitos. Dobrow e Higgins descobriram que pessoas com redes de contatos menos densas nos dois primeiros anos após obterem seu MBA também apresentaram identidades de carreira mais claras quatro anos depois. Ter uma variedade de informações vindas de diferentes fontes ajudou-as a fazer o ajuste fino de suas identidades.

Para criar essas conexões, procure pessoas de grupos de carreira não sobrepostos

No estudo de Dobrow e Higgins, indivíduos com as identidades mais claras tinham em sua rede de contatos pessoas que não se conheciam entre si e que vinham de grupos sociais muito diferentes: um antigo chefe, um colega da faculdade, alguém que conheceram em uma conferência ou uma pessoa de sua vizinhança, por exemplo. Para criar uma rede de contatos como essa, comece explorando suas redes, mas certifique-se de que as novas conexões não pertençam à mesma área que você, nem trabalhem para a mesma empresa. Muitos especialistas em recrutamento que entrevistei recomendam utilizar redes amplas como ponto de partida, como uma rede de imigrantes (se você também for um) ou uma rede de ex-alunos de uma instituição onde você tenha estudado. Não há problema em ter redes baseadas na identidade (ser de primeira geração ou recém-imigrado, ou frequentar a mesma universidade), contanto que a identidade compartilhada pelas pessoas não se refira a trabalhar para uma mesma empresa.

Se você projetou seu futuro emprego dentro de uma categoria ampla (por exemplo, atendimento ao cliente ou algo em Stem), pode criar uma rede de contatos com indivíduos dotados de uma identidade abrangente em comum que englobe diferentes identidades de carreira. Por exemplo, pessoas que utilizam o Salesforce contam com uma grande rede de contatos própria. Mulheres na área de Stem têm sua própria comunidade (e esses grupos podem ser encontrados nas redes sociais). Seus membros costumam torcer pelo sucesso mútuo e estão dispostos a fornecer informação privilegiada aos recém-chegados.

Como criar essas redes de contato?

Para atingir suas metas de networking, você precisará abrir mão da técnica mais comum de fazer contatos para conhecer novas pessoas: a amostragem em bola de neve. Se você já perguntou a alguém numa rede de contatos "Sabe de outra pessoa de sua área com quem eu possa conversar?", então usou a amostragem em bola de neve. Ela corresponde a pedir a alguém na sua rede de contatos para recomendar outra pessoa. Mas você não precisa partir do zero; existem maneiras de pedir recomendações a seus contatos atuais capazes de reduzir a probabilidade de que as pessoas estejam conectadas por meio de seus empregos. Por exemplo, você poderia dizer "Sabe de alguma outra empresa de catering com boa reputação?" em vez de "Sabe de mais alguém na área de catering que eu possa procurar?". A diferença é sutil, mas pode levar a diferentes resultados. Como mencionei na introdução, as pessoas estão muito mais dispostas a conversar com estranhos sobre suas carreiras do que imaginamos.[3] Assim, nesse estágio, não se preocupe com a rejeição.

Para se manter no rumo certo, estabeleça metas de networking diárias. Por exemplo, procure diariamente em sua rede de contatos duas pessoas que não trabalhem para a mesma empresa e converse sobre suas carreiras. Lembre-se de que o objetivo não é montar uma rede gigante, e sim cuidadosamente elaborada. Dois ou três contatos escolhidos a dedo ajudarão muito mais no desenvolvimento de sua identidade do que dez escolhidos porque trabalharam com algum amigo seu.

O que devo perguntar durante essas conversas?

No começo, você talvez fique inseguro sobre como monitorar o que aprendeu para poder consolidar seus conhecimentos mais tarde. Recomendo criar uma planilha e registrar a relação entre as habilidades necessárias para esses empregos e como essas habilidades são executadas pelas pessoas com as quais está conversando. Em outras palavras, faça seus contatos responderem ao Exercício das Três Coisas. Você pode começar com: "Estou curioso para saber como é seu dia a dia. Você se importaria em me explicar parte das tarefas que realiza diariamente?". A seguir, investigue as habilidades necessárias para essas tarefas com simples follow-ups.

Conforme realiza esse exercício, fique de olho em seus estressores diários do Teste de Estresse. Abaixo, mostro o exemplo de uma professora do ensino fundamental buscando fazer a transição para um emprego na área da tecnologia da informação. Ela começou pela habilidade de "delegação de tarefas" que usa como professora. A tarefa associada a essa habilidade era "designar planos de aulas aos assistentes de ensino". O contexto era uma escola. Em TI, a delegação de tarefas era executada de forma bem diferente. Assim, ela criou uma rede de contatos com pessoas que trabalhavam em diferentes áreas — universidades, pequenos e grandes negócios etc. — para aprender como fazer. Essa mudança de emprego claramente envolveria também o aprendizado de muitas habilidades novas, mas é bom começar primeiro verificando como transferir suas habilidades preserváveis para um novo contexto.

Indivíduo entrevistado	Descrição do trabalho	Habilidade	Tarefa	Contexto	Estressor relevante
Thomas	Gerente do departamento de TI em um pequeno negócio	Delegação de tarefas	Organiza tickets para os pedidos dos funcionários; delega incumbências à equipe	No escritório	É difícil prever o fluxo de trabalho; em certos dias, há poucos tickets, em outros, um monte
Sanjay	Membro de uma equipe de TI de dez pessoas em uma grande empresa	Delegação de tarefas	Orienta novos membros da equipe a instalar softwares nos computadores da empresa	No escritório	Falta de treinamento de funcionários novos; uns precisam de mais ajuda que outros, podendo consumir demasiado tempo

Após sua primeira elaboração do networking, realize uma verificação da clareza de identidade

Assim que tiver uma breve lista de opções de carreira, recomendo fazer uma verificação da clareza de identidade.

Você pode começar pelo seguinte exercício:

> Gostaria de seguir uma carreira em _____.
> Tenho uma série de habilidades que acho que posso aproveitar nessa carreira, incluindo _____ [insira habilidade a preservar]. Em minha antiga carreira, executei essa habilidade realizando _____ [insira tarefas aqui], mas descobri que, nessa nova, essa habilidade é executada fazendo _____ [insira novas tarefas que você aprendeu aqui]. Também descobri que, se eu quiser seguir essa carreira, há uma série de novas habilidades que precisarei aprender, incluindo _____.

Qual foi seu grau de dificuldade em completar essas frases? Verifique se não falta nada antes de passar à terceira etapa.

TERCEIRA ETAPA: APURANDO OS FATOS PARA VERIFICAR SE O TRABALHO É O IDEAL PARA MIM

A jornada de seu networking continua na terceira etapa, mas seus objetivos serão outros: nesse estágio, sua meta principal é investigar mais a fundo como é a rotina de uma carreira específica. Assim como na segunda etapa, você pode continuar perguntando às pessoas como elas empregam suas habilidades no trabalho, mas, nesse momento, deve procurar o consenso nas respostas. Uma aluna minha começou a trabalhar recentemente em uma startup e ficou chocada ao descobrir que a habilidade básica de "analisar dados" era executada de forma muito diferente nas empresas onde foi entrevistada. Algumas esperavam que ela analisasse imensos conjuntos de dados por várias horas diariamente, outras, apenas que realizasse pequenas oficinas sobre como analisar dados, caso conseguisse de fato coletar algum. Somente perguntando a mesma coisa para muita gente que trabalhava na mesma área ela foi capaz de entender como a maioria das empresas gostaria de ver sua habilidade sendo empregada.

Tenha em mente ainda que você pode aprender muita coisa sobre uma profissão lendo livros e visitando o site das empresas. Mas seu objetivo durante a terceira etapa é acumular conhecimento que *não* esteja disponível aos olhos de todos — normas relativas a expectativas do que é necessário para progredir profissionalmente; habilidades que você necessita para ser bem-sucedido, mas que raramente aparecem nos anúncios de emprego; particularidades do tipo um potencial emprego gerar tanta (ou tão pouca) incerteza que fica difícil de administrá-lo. Em outras palavras, o "currículo oculto". Para conhecê-lo, você precisará se conectar a pessoas nas posições pelas quais está interessado — uma rede de escopo mais estreita do que aquela que construiu na segunda etapa, quando explorava todas as potenciais opções de carreira. Essas conexões de rede, que podem ser mais sobrepostas do que as conexões com as quais você interagiu na segunda etapa, o ajudarão a focar as especificidades do trabalho. Como a segunda etapa, a terceira envolve perguntar às pessoas de sua rede de contatos sobre seus empregos. Mas, nessa etapa, com sua nova identidade de carreira começando a tomar forma, o ideal é fazer o networking apenas com pessoas que pertencem à área em que você quer ingressar.

Para formar essa rede, você pode recorrer à seção sobre networking na segunda etapa do capítulo "Distanciados", na qual forneço orientações sobre como identificar empresas para as quais desejamos trabalhar e, dentro delas, pessoas ocupando os cargos desejados.

Conheça o currículo oculto pedindo a seus contatos para completar a frase: "Antes de começar neste trabalho, ninguém me contou que...".

Pode ser constrangedor chegar em um novo emprego e perceber que não registrou alguma informação vital durante a entrevista ou o processo de integração. Não se culpe se isso acontecer com você. É comum.

Em 2011, a National Public Radio (NPR) realizou um experimento social chamado "Faltei Nesse Dia", em que 4 mil pessoas responderam a uma pesquisa no Facebook para "nos contar algo que o deixou constrangido ao descobrir depois de adulto e que já deveria saber há muito tempo".[4] Um ouvinte achava que a palavra em espanhol *quesadilla* queria dizer "o que é que há?". Outro pensava que art déco fosse um nome de homem. A maioria das pessoas não sabe diferenciar um inhame de uma batata-doce, inclusive chefs.

No trabalho, costumamos chamar esse conhecimento de currículo oculto — normas e expectativas sobre as quais normalmente ninguém conversa fora daquele ambiente, mas que são cruciais para nosso progresso. Às vezes o currículo oculto revela normas culturais esquisitas e idiossincráticas no trabalho. Uma amiga minha, em sua primeira semana no emprego, abriu a geladeira do escritório e serviu-se de um copo de suco de laranja. Os colegas a observaram em choque, horrorizados. Os funcionários podiam pegar o que quisessem dali, menos isso — o suco de laranja do chefe. Ela acabara de quebrar uma regra crucial. Na maioria dos casos, porém, o currículo oculto diz respeito não às peculiaridades do escritório, e sim às coisas que deveríamos ter realizado ou dominado, mas não o fizemos — habilidades ou experiências que apenas alguns poucos sortudos por dentro do funcionamento da empresa conhecem ou têm. Muitas vezes, essas coisas constituem uma surpresa indesejada.

Melhor conhecer a parte oculta do currículo *antes* de começar em um emprego, assim você não acabará bebendo o proverbial suco de laranja. E a melhor maneira de fazer isso é interagir com as pessoas que já conhecem o lugar.

Que tipo de coisa você provavelmente descobrirá se propuser o exercício de "Ninguém me contou que..." à sua rede de contatos? Para lhe dar uma ideia, conduzi um estudo em que pedi às pessoas para compartilhar seus casos de "Ninguém me contou que...", que começou de maneira muito semelhante ao experimento da NPR. Pedi a um grupo de 382 indivíduos para completar a frase "Antes de começar neste emprego, ninguém me contou que...", seguida da coisa mais surpreendente que descobriram. Responsabilidades inesperadas, normas culturais, horários e remuneração foram as maiores categorias de surpresas indesejadas. Uma parcela significativa de pessoas — 20% — recebeu responsabilidades diferentes das apresentadas na entrevista. Porcentagem quase igual ficou chocada com as esquisitas normas culturais no trabalho: "Ninguém me contou que no primeiro dia eu deveria trazer doces para minha equipe e meu chefe" (de um trabalhador da indústria de manufatura). E, como já sabemos, a maioria dessas surpresas era indesejada. Em todas as profissões, apenas 5% das respostas foram surpresas positivas: "Ninguém me contou que eu teria uma sexta de folga por mês, nem que o almoço era gratuito (contanto que você almoçasse na sua mesa)".

Quando você pedir a sua rede de contatos para completar o exercício do "Ninguém me contou que...", provavelmente receberá respostas tão ricas e variadas quanto as que obtive. Use essas respostas para desenvolver linhas de questionamento claras durante a etapa de entrevistas. Se, por exemplo, você souber que deve investigar informações sobre responsabilidades não anunciadas porque muitos de seus contatos foram solicitados a fazer coisas que a descrição do cargo não incluía, faça perguntas para detectar a possibilidade de lhe delegarem responsabilidades que não deveriam ser suas. E, conforme perceber temas importantes — respostas sobre horários e remuneração, responsabilidades ou normas culturais gerais —, registre-os por escrito.

Aprenda o jargão da área (e não estou me referindo a expressões da moda)

Além de ficar por dentro do currículo oculto, uma meta da terceira etapa será descobrir até que ponto a linguagem utilizada em determinada profissão lhe é estranha. Se a sua experiência for similar à minha, sua defasagem de conhecimentos começará a emergir naturalmente, conforme se pegar pesquisando furtivamente no Google palavras que as pessoas usam em suas conversas sobre a carreira, em vez de simplesmente indagar: "O que exatamente vocês querem dizer com essas três letras que vivem falando?".

Jargões — palavras ou conceitos empregados pelos membros de um grupo com um significado específico que não fica óbvio para os de fora — são utilizados o tempo todo, ainda que muitos de nós os odiemos (inclusive acadêmicos).[5] A jornalista Michele McGovern escreveu um artigo clamando pelo fim do jargão no ambiente corporativo, ridicularizando expressões como "novo normal", que se refere a algo que não é novo nem normal.[6]

O jargão sofre de má reputação porque as pessoas o utilizam *em lugar* da linguagem comum nos casos em que esta daria conta perfeitamente do recado. Mas quando usado de forma apropriada, ele nos permite dizer coisas com menos esforço e transmitir mais em menos tempo. Em essência, o jargão faz com que a conversa flua melhor. Novas equipes, por exemplo, substituem palavras do dia a dia que todos compreendemos por palavras "incomuns" que ninguém fora da equipe compreende. Esse linguajar interno permite ir de uma ideia a outra com rapidez e eficiência.[7]

Para entender o propósito do jargão, considere como ele é criado. Quando grupos trabalham juntos, passam a descartar palavras funcionais, que são basicamente o tecido conjuntivo das sentenças (como artigos, preposições, pronomes). Esse tecido conjuntivo é substituído por palavras que fazem o trabalho todo — em outras palavras, jargão. Imagine, por exemplo, que você esteja descrevendo uma prova para alguém. Você poderia dizer "Fiz uma prova para entrar na faculdade que mede minha aptidão para muitas habilidades diferentes" ou dizer "Fiz o ACT". O acrônimo ACT [American College Testing] é um jargão, e seu uso nos poupa tempo e esforço.

O tipo de jargão que você precisará aprender é do tipo "ACT" — não do tipo "novo normal". A expressão "novo normal" é uma coisa da moda, não um jargão útil. É importante perceber a diferença.

Quais as chances de você encontrar jargão no trabalho?

Quando nos dedicamos à mesma carreira por muito tempo — como é o caso de muitos indivíduos Em Crise de Identidade —, provavelmente usamos jargões sem nos darmos conta. Na verdade, o uso do jargão corporativo pode sinalizar uma identificação com a carreira, revelando quem "pertence" ou não ao lugar.[8] Como qualquer língua nova, ele o ajudará a se comunicar efetivamente em inúmeras situações, de entrevistas e conversas rápidas em equipe a mensagens nos canais do Slack. E, por sinalizar uma identidade, seu uso também pode nos ajudar a superar a dificuldade de ser o novato, situação que muita gente de fora da área enfrenta quando entra para uma nova empresa.

Também é uma ferramenta que você não será capaz de evitar. Fiz a um grupo de funcionários a pergunta: "Quando começou nesse trabalho, as pessoas usavam palavras ou expressões com as quais você não estava familiarizado? Isso pode incluir acrônimos (por exemplo, SAT para se referir a 'Standardized Aptitude Test')". Cerca de metade dos entrevistados, independentemente do cargo ou tempo de serviço, respondeu afirmativamente (47%). A forma de jargão mais comum é o acrônimo — abreviatura formada por uma ou mais letras iniciais das palavras que compõem o conceito original —, representando cerca de 59% dos jargões encontrados no trabalho.[9] Costumamos ver um bocado de acrônimos em currículos. Pesquisando jargões no curriculum vitae das pessoas, percebi que quase todos eram acrônimos: nomes de programas em que eram proficientes (Python, HTML, JavaScript) e nomes de certificações (como "certificado USMCA" para pessoas da indústria automotiva), por exemplo.

> ### Como aprender tantos novos jargões?

Os jargões estão por toda parte. Você provavelmente os encontrará diariamente quando estiver explorando a possibilidade de uma nova carreira. Poderá escutá-los por acaso, deparar-se com eles em documentos oficiais e encontrá-los em anúncios de emprego e perfis no LinkedIn. Terá de compreendê-los e usá-los para transmitir seus próprios conhecimentos. E como a maior parte deles assume a forma de acrônimos ou termos técnicos, aprender de ouvido não bastará para dominá-los.

Tente resistir ao impulso de balançar a cabeça concordando quando não compreender as palavras que as pessoas estão usando. Pare e pergunte: "Pode me explicar o que quis dizer com isso?". Quando entrevistava recrutadores (que utilizam muitos acrônimos) para este livro, logo percebi que assentir com a cabeça não funcionava. Primeiro tentei pesquisar no Google em plena videoconferência, mas isso me transformou numa péssima interlocutora. Assim, aprendi a perguntar.

Ninguém fez com que me sentisse tola por isso. Na verdade, talvez fossem eles que se sentiram tolos por presumir que eu soubesse.

Tenha em mente que a maioria presume que o jargão é comum em sua área — que ele não precisa ser explicado para os outros. Todos temos em algum grau esse viés de presumir um entendimento compartilhado, seja qual for a área em que trabalhamos.

E se você fica envergonhado de mostrar sua ignorância, pense em quanto tempo economizará simplesmente aprendendo o significado dessas expressões agora, e não depois. Certa vez me deparei com um jargão que me deixou confusa — um acrônimo que também podia ser uma palavra normal — quando preparava uma apresentação para uma palestra. Um dos organizadores me perguntou qual era minha "abordagem WOW preferida". Em vez de perguntar o que WOW queria dizer, tirei minhas próprias conclusões sobre o significado e passei um dia inteiro pensando em como impressionar meu público (usar imagens chamativas, vestir uma roupa mais tchã?). Mas WOW não tinha nada a ver com a interjeição "uau!", significava *way of working* [modo de trabalho]. O sujeito estava me perguntando quantas reuniões preparatórias eu gostaria de realizar.

Conforme você encontrar novos jargões, crie um glossário próprio, como faria aprendendo um novo idioma. Anote os termos que não conhece. Pergunte a seus contatos: "Qual a melhor maneira de descrever minhas habilidades e realizações usando os termos corretos do meio?". E à medida que passa pelo processo de aprendizado, por mais que você seja do tipo que aprende rápido, lembre-se de que em todo ambiente cooperativo há palavras só para os iniciados e que leva algum tempo para nos acostumarmos.

Você notará que à medida que avança pela terceira etapa, sua nova identidade passa a ganhar nitidez. Falar como alguém do meio (e sentir-se como tal) será decisivo nesse processo. O objetivo nessa etapa é explorar o máximo de informação que puder, de modo que ao final você estará pronto para elaborar seu currículo e começar a se candidatar às vagas. Tenha em vista que não há um tempo rigidamente delimitado para essa fase; você continuará sua apuração de fatos durante a quarta etapa e é natural ajustar sua identidade profissional conforme avança. Mas durante o processo de entrevista os fatos que descobrir serão menos sobre sua carreira em geral e mais sobre a função específica que lhe interessa e a empresa para a qual deseja trabalhar.

QUARTA ETAPA: CONSEGUINDO O EMPREGO

A quarta etapa se divide em duas partes principais: a elaboração do currículo e das cartas de apresentação e a obtenção do emprego por meio da entrevista. Como mencionei, será preciso aprender novas habilidades (e ir atrás das capacitações necessárias) ao realizar a terceira etapa, de modo que, no momento em que chegar à quarta, estará pronto para demonstrar as habilidades citadas em seu currículo (com uma pitada de novos jargões!).

Como descrever suas habilidades no currículo

Antes de começar a preparar o currículo, considere o que vai incluir. Primeiro, sua lista de habilidades aplicáveis, além das informações sobre como as pessoas em sua futura carreira empregam essas habilidades em seu trabalho (algo visto na segunda e na terceira etapas, enquanto você descobria o que esperar de sua futura carreira). Depois, uma lista de novas capacitações ou habilidades que você aprendeu paralelamente ao networking. Em seguida, avalie o glossário de jargões novos, além de informações privilegiadas sobre a melhor forma de elaborar seu currículo. E, em quarto lugar, liste os resultados para a empresa ou a equipe com as quais você contribuiu em sua carreira anterior. Em uma de minhas pesquisas, descobri que apenas cerca de 21% das pessoas registram essas contribuições no currículo (a despeito de cerca de 86% das empresas afirmarem que isso "com certeza ajuda"). O profissional Em Crise de Identidade com frequência está tão ansioso em descartar sua antiga identidade que deixa essas realizações de fora. Não faça isso: são atributos assim que o diferenciam. E se você atuou por tempo considerável em sua carreira anterior, provavelmente realizou mais coisas do que imagina.

Com tudo isso preparado, é hora de descrever suas experiências e suas habilidades de tal maneira que as empresas vão se empolgar de poder contar com alguém como você.

Desconstrua e remonte

No capítulo "Os Distanciados" explico como "descrever suas habilidades sem exagerar no discurso de venda" ao se candidatar a um emprego. Esse tópico é relevante também aqui. Algumas pessoas Em Crise de Identidade decidem mudar para uma profissão similar à atual. Se esse é seu caso, procure descrever seu conjunto básico de habilidades de uma forma que vá além de sua experiência imediata. Por exemplo, imagine uma mulher que atuou como cerimonialista de casamentos por dez anos. As habilidades básicas envolvidas nessa ocupação se traduzem em outros tipos de planejamento de eventos e uma reformulação disso seria algo como "Dez anos de experiência trabalhando com empresas de catering e espaços para recepções com cem ou mais convidados".

Outros indivíduos Em Crise de Identidade decidem dar um salto maior, passando a uma carreira que se distancia daquela em que atuam. Por exemplo, imagine que o objetivo da cerimonialista de casamentos seja mudar da área de planejamento de eventos para a de hotelaria e hospedagem. Sua abordagem deverá ser antes "desconstruir e remontar" do que fazer uma reformulação.

Se o seu caso se assemelha ao dessa cerimonialista, antes de mais nada aproveite a lição que aprendeu na primeira etapa do Exercício das Três Coisas sobre como dividir sua experiência entre tarefa, habilidade e contexto. A tarefa de uma cerimonialista de casamento pode ser "fazer com que grupos de profissionais trabalhem em sincronia: a empresa de catering, a empresa de aluguel de cadeiras e mesas e a banda ao vivo". A habilidade subjacente a essa tarefa é "reunir três serviços diferentes e fazê-los funcionar com eficiência visando um objetivo comum". O contexto é "casamentos chiques".

Em segundo lugar, valer-se do conhecimento adquirido em suas conversas de networking sobre como transformar sua antiga habilidade em uma tarefa que você realizaria em seu novo emprego. Imagine que a cerimonialista descobriu como a habilidade de "reunir três serviços diferentes" — equipes de pessoas que em outras circunstâncias não têm muitas áreas de sobreposição no trabalho — é formulada no setor hoteleiro. Talvez em hotéis que abrigam grandes conferências, fazer a equipe do restaurante do hotel e a equipe do centro de conferências trabalharem juntas eficientemente para organizar um grande jantar seja uma habilidade rara, mas valorizada. É preciso uma liderança de verdade para sincronizar esses diferentes grupos. A cerimonialista deve focar como executar sua habilidade de reunir diferentes serviços no contexto de jantares de conferência em grandes hotéis.

E, finalmente, recorrer ao jargão relevante na descrição da habilidade em seu currículo. Em hotelaria e hospedagem, por exemplo, pode haver diferentes palavras ou expressões para descrever a habilidade de "reunir diferentes serviços".

Ao descrever como você contribuiu para os resultados de equipes ou empresas, utilize uma combinação de linguagem concreta que explique exatamente o que você fez em termos operacionais ("liderei uma equipe de cinco pessoas que aumentou a receita em 20%, representando 100 mil dólares por trimestre") e uma linguagem que descreva a contribuição de modo mais amplo, em termos da habilidade exigida ("esse resultado exemplifica minha capacidade de fazer a interface entre clientes e equipes para levar a um crescimento dos números de vendas"). A maioria das pessoas faz uma coisa ou outra, mas as empresas preferem ambas: habilidades gerais e resultados específicos, concretos.

Empregue jargões com parcimônia e apenas quando a linguagem comum não bastar

Ao usar jargões, fique atento se não há uma alternativa mais acessível que funcione igualmente bem. Como comentei, acrônimos são comuns no trabalho, mas em seu currículo é importante explicar o que significam. Muita gente presume que jargões são "da área" e que qualquer pessoa do setor em questão que leia seu currículo os compreenderá. Mas eu não teria muita certeza disso. Na dúvida, melhor explicar o que significam. Tenha em mente que seu uso de jargões pode influenciar a ideia que as pessoas fazem a seu respeito. O cientista social Adam Galinsky e seus colegas descobriram que o abuso do jargão pode sair pela culatra, dando a impressão de que alguém está simplesmente recorrendo a esse verniz superficial para dar a entender que tem conhecimento da área. Na verdade, quanto mais experientes em um trabalho, menos jargão usamos.[10] Os grandes profissionais preferem uma linguagem clara e simples.

Faça uma descrição sob medida para cada emprego

Agora que seu currículo ficou pronto, chegou a hora da prospecção. Muita gente fica tentada a se candidatar a inúmeros empregos, na esperança de que um deles dê certo, sobretudo se a pessoa quer realizar uma transição para outra carreira. Sou veementemente contra essa ideia, como já disse na introdução ao livro, sobretudo porque a maioria não se dá ao trabalho de adaptar o currículo para cada vaga a que se candidata e as pessoas quase nunca escrevem cartas de apresentação específicas.

Há uma fórmula que podemos seguir ao elaborar cartas de apresentação distintas, começando pelo Exercício das Três Coisas, que ilustra sua experiência anterior de maneira transparente. Lembre-se de que quanto mais informações você puder fornecer sobre a aplicação de suas habilidades no passado, mais a empresa será capaz de avaliar até que ponto você se encaixa no perfil desejado. Em seguida, exemplifique claramente como essas habilidades podem ser transferidas para a vaga à qual você está se candidatando — tema que abordei na última seção, sobre desconstruir e reconstruir suas habilidades. Muitos não dão esse último passo extra. Um dos melhores conselhos que tenho a oferecer é: "Facilite o trabalho para quem vai contratá-lo" — mostre a ligação entre suas antigas experiências e habilidades e as novas que você espera pôr em prática. Não presuma que a pessoa terá disposição, ou mesmo tempo, de fazer isso. Nossa cerimonialista, por exemplo, poderia escrever na carta de apresentação: "Em minha carreira anterior, atuando no planejamento de casamentos, reuni diferentes serviços. Trabalhei regularmente com diversos fornecedores — equipe de catering, músicos, floristas, por exemplo — para dar dinamismo ao fluxo de trabalho na execução de grandes eventos, com frequência sob prazos apertados. No setor hoteleiro, adoraria aplicar essa habilidade ao contexto de grandes conferências. Minha experiência com muitos fornecedores me preparou para o trabalho de reunir uma equipe de restaurante e de organização de conferências".

A entrevista

Para a maioria das pessoas, a entrevista é uma oportunidade de passar boa impressão. O objetivo, sem dúvida, é conseguir o emprego. Pense na entrevista como uma via de mão dupla — você está sendo entrevistado, mas também está entrevistando. Há momentos em que devemos bancar o detetive (falarei sobre isso mais adiante). Mas, antes, vejamos como impressionar o entrevistador.

COMUNIQUE QUE VOCÊ TEM CLAREZA DE SUA IDENTIDADE DE CARREIRA

Uma das primeiras coisas que você precisa fazer ao longo desse processo é ser objetivo em comunicar sua nova identidade. Na primeira etapa, forneci as ferramentas para você ter clareza em torno de sua nova identidade antes de passar à entrevista. Como veremos, transmitir clareza é igualmente importante.

Conversei com Sima Vaisman, uma recrutadora-sênior especializada nas áreas de saúde e TI, que observou um aspecto que sempre preocupa as empresas: o temor de contratar alguém que não tenha clareza sobre quem é e aonde quer chegar. Recrutadores exibem um viés de segurança — querem saber exatamente o que podem extrair de um candidato e como será sua trajetória de desenvolvimento nos próximos anos.

"É muito comum ver gerentes de recrutamento morrendo de medo de errar", Sima me contou. "Em geral, tendem a contratar o 'currículo mais seguro', não necessariamente o melhor profissional" — em essência, quem for mais parecido com qualquer outra pessoa bem-sucedida contratada para o cargo antes dele: o mesmo tipo de experiência, a mesma trajetória, os mesmos cargos anteriores. Grande parte desse medo decorre de uma preocupação com o gerenciamento da imagem, sobretudo entre empresas de primeira linha com reputação sólida. As empresas optam pela segurança na hora de contratar pelo mesmo motivo que comemos sempre no mesmo restaurante, não importa se há cinco novos na região: a maioria prefere a previsibilidade à aventura. Se você ingressa no mercado de trabalho com a mentalidade de que está gerenciando o medo de incerteza de uma empresa, pode agir mais estrategicamente para gerar essa certeza.

Para começar, volte ao exercício de descrição de sua nova identidade, preenchido na segunda etapa. Esse parágrafo pode ajudá-lo a elaborar um roteiro sobre como falar de si mesmo (e sem dúvida é necessário preparar um roteiro, mesmo em conversas informais com um entrevistador). Se faltar inspiração, recorra ao exemplo da clareza de identidade no estudo de Dobrow e Higgins. Declarações que transmitem confiança com sutileza, como "Meu histórico profissional claramente aponta na direção de...", podem aliviar as apreensões de um recrutador de que você talvez não esteja preparado para uma grande mudança. Evite uma linguagem que sinalize ambiguidade quanto à direção que quer tomar, como "Talvez eu queira ser um gerente, mas também posso querer apenas dar minha contribuição individual, no começo". São dois propósitos que envolvem papéis muito diferentes, você deveria saber qual dos dois prefere antes de se candidatar a um emprego. Em minha área de psicologia social, um dos maiores erros cometidos pelos aspirantes à pós-graduação é me dizer que se candidataram a programas de doutorado em psicologia social e psicologia clínica. Pode parecer uma distinção sutil, mas é enorme: trata-se de campos radicalmente diferentes e com trajetórias de carreira muito distintas. Se você não sabe que rumo dar a sua carreira numa entrevista, não está pronto para se inscrever em um programa de doutorado. Ou pelo menos não revele essa ambivalência ao entrevistador!

À medida que vai trabalhando em seu roteiro, não descarte admitir que você ainda tem a crescer em algumas áreas. Não confunda clareza de identidade com autopromoção exagerada. As empresas estão à procura de pessoas que saibam o que querem fazer futuramente e que tenham clareza sobre o treinamento que precisarão para chegar lá.

EXPLIQUE EM DETALHES COMO VOCÊ CHEGOU AO PONTO EM QUE ESTÁ

A carreira da maioria das pessoas é tortuosa; é difícil encontrar alguém que sempre soube o que queria e se manteve firme desde tenra idade. Mas isso não impede que o entrevistador queira escutar um relato coeso de como passamos de tal lugar para tal lugar.

Lembro de minha primeira tentativa de contar minha história quando concluí a pós-graduação e me candidatei a uma posição como docente. A descrição do trabalho acadêmico é uma narrativa sobre sua pesquisa e deve se assemelhar a um conto, com enredo, um protagonista (o autor) e um punhado de outros personagens (colaboradores e mentores). Mas o problema foi que eu havia passado pelo menos dois anos empenhada numa série de estudos fracassados — a maioria deles em detecção de mentiras — que pouco contribuiu para o desenvolvimento do enredo. Infelizmente, eu ainda não chegara a um estágio em minha carreira em que pudesse deixar essas coisas de lado; publicara muito pouco. Minha decisão de realizar esses estudos precisava parecer intencional, ou pelo menos envolver algumas oportunidades de aprendizado.

Não foi fácil. E, honestamente, essa habilidade não é natural para mim.

Mas aprendi que encontrar um fio de similaridade entre a experiência anterior e a atual é decisivo para fazer uma trajetória tortuosa parecer deliberada. Para mim, significou encontrar aspectos em meus estudos de detecção de mentiras que inspirassem meu próximo passo na carreira. Não foram os resultados desses estudos nem sequer o tema que fizeram o enredo avançar, mas a metodologia. Minha incursão fracassada pela ciência da detecção de mentiras inaugurou meu ingresso na área de interação social real; foi o pontapé de minha identidade como cientista e estudiosa dos momentos de desconforto e ansiedade na vida cotidiana.

Muitos gerentes de contratação que entrevistei haviam passado por uma transição em suas carreiras e sabiam o valor dessa habilidade. Ethan Mao, por exemplo, antes de exercer a função de recrutador era um pescador de lagostas. Quando lhe pedi para descrever sua trajetória, ele não falou apenas das mudanças em sua vida profissional, mas também de como transferiu habilidades de uma maneira peculiar. Ethan largou seu antigo negócio depois de uma pesquisa que fez na faculdade, prevendo escassez de lagostas no golfo do Maine. E optou pela nova carreira porque sua então namorada era uma recrutadora. Mas ouçamos suas palavras: "Desde jovem, além de ser empregado por capitães de grandes companhias comerciais, também empreguei outras pessoas como eu para minhas operações de pesca de lagosta. Assim, ficava à vontade tanto para contribuir individualmente como para ser um líder e trabalhar não só com os clientes mas também com os candidatos a emprego". Ethan percebeu que sua capacidade de trabalhar para capitães das grandes firmas comerciais na indústria pesqueira ao mesmo tempo que empregava outros pescadores de lagosta era muito parecida com fazer a ponte entre uma empresa que contrata e os candidatos que querem trabalhar para essas empresas.

E aí está. Uma ligação entre duas carreiras que aparentemente não têm nada a ver uma com a outra.

Que perguntas devo fazer durante a entrevista?

Com os dados de "Ninguém me contou que...", dei uma ideia das surpresas que você pode encontrar quando as normas e expectativas de um ambiente de trabalho não são explicitadas. Muitas questões que recomendo visam revelar essas surpresas potenciais.

Durante a entrevista, procure indícios de que o ambiente corporativo tenta reduzir a defasagem de conhecimento entre os que estão a par do currículo oculto e os que não estão. Profissionais em transição, mesmo se tiverem sido especialistas em outro lugar, no começo precisam de uma estrada bem sinalizada: procedimentos para questões importantes, como o processo de avaliação de desempenho, ou não tão importantes, como saber com que antecedência requisitar uma reunião com o chefe. Manuais e recursos explicando o papel a ser desempenhado pelo empregado são fundamentais. Assim como sinais de que o ambiente de trabalho se empenha em fornecer uma rede de contatos para aqueles que, ao contrário dos que já trabalham na área, ainda não a têm (lembre-se de que três quartos dos contatos das pessoas vêm de sua empresa ou setor). Meu exemplo favorito disso é o quadro de "TENHO" (onde as pessoas postam as habilidades ou os recursos de que dispõem) e "QUERO" (onde postam as habilidades ou recursos de que precisam) no trabalho; isso pode facilitar o encontro delas. Tenha em mente que num ambiente corporativo o conhecimento muitas vezes é transmitido boca a boca, mas se você estiver em transição de carreira, precisará de um método mais concreto e confiável para aprender coisas novas.

Cinco questões críticas

Abaixo, apresento cinco perguntas fundamentais às quais voltarei em outros capítulos. São boas questões para refletir em qualquer entrevista, independentemente do perfil com o qual você se identifica mais. Após essas importantes questões, disponibilizo algumas mais específicas para o profissional Em Crise de Identidade.

QUAL O OBJETIVO DA ENTREVISTA?

Se você pedir, a maioria dos entrevistadores lhe dirá o que será perguntado antes da entrevista. A recrutadora Meghan Conaty, por exemplo, informa às pessoas que durante a entrevista será apresentado um estudo de caso do mundo dos negócios e oferece a elas um documento de uma única página sobre como receberão a pontuação. Essa abordagem da entrevista permite que os candidatos se preparem para mostrar o que têm de melhor e não ficarem ansiosos. A disposição em fornecer as perguntas com antecedência é um bom sinal de que a empresa não acredita em "pegadinhas" para surpreender os candidatos. E caso você escute um peremptório não ao pedir informações prévias, veja isso como um alerta. A empresa talvez ainda não saiba qual será a estrutura da entrevista, coisa que pode acontecer quando uma descrição do cargo for postada antes de o papel ser bem definido.

Em outros casos, o processo é suficientemente organizado para garantir que um conjunto padronizado de questões seja proposto para todos, mas não o suficiente para descobrir quem está fazendo as perguntas. Ethan Mao comentou que não é incomum a pessoa chegar para a terceira ou quarta etapa de uma entrevista e logo perceber que as questões já foram perguntadas antes. Às vezes a empresa faz isso porque está em busca de consistência nas respostas. Mas a entrevista não pode parecer um "dia da marmota". Deve haver uma boa explicação para fazer as mesmas perguntas de sempre.

POR QUE ESSE CARGO FOI CRIADO?

Se você perguntar isso à primeira pessoa com quem tiver contato (e à segunda e à terceira), não tardará a descobrir que essa questão pode ter muitas respostas. Os especialistas recomendam coletar a resposta de todos os entrevistadores, porque uma falta de consenso entre eles pode sinalizar que a função não está claramente definida. Uma diretora com quem falei criou uma função de assistente pessoal para seu trabalho. Ela estruturou a posição pensando em si mesma, mas vários outros líderes (que também queriam um assistente pessoal) acharam que ela fazia isso para eles. No fim, o assistente pessoal recém-contratado durou duas semanas. Foi uma pena que não tivesse perguntado "Por que esse cargo foi criado?" para todo mundo que o entrevistou. Todos teriam respondido: "Porque preciso de um novo assistente pessoal!".

Você também pode propor uma questão de follow-up: "O cargo foi oferecido mais de uma vez?". Anúncios de emprego muitas vezes são retirados e publicados novamente por uma variedade de razões, indo de mudanças nas necessidades a "Não encontramos ninguém, portanto decidimos ampliar a busca". Essa simples questão pode ajudá-lo a compreender a dinâmica interna da organização.

COM QUE FREQUÊNCIA VOCÊ INTERAGIU COM O GERENTE
DE CONTRATAÇÃO?

Essa pergunta é específica para entrevistas com um recrutador. A coach de transição em carreira Erin Andersen recomenda que o candidato se informe se as pessoas envolvidas na contratação compartilham de uma mesma realidade, considerando que seu futuro chefe talvez esteja distanciado demais do processo de entrevista. "O maior problema com o recrutador é que ele não trabalha pessoalmente no departamento e assim não compreende de verdade a função", ela me contou. Pergunte ao gerente de contratação: "Com que frequência você interagiu com meu futuro chefe?". Quanto mais distante seu chefe estiver das pessoas que entrevistam você, maior a chance de que as coisas que lhe forem prometidas não serão cumpridas.

Em alguns empregos, a pessoa que escreveu o anúncio ocupa um cargo tão elevado — digamos, CEO — que uma interação com ela durante a entrevista não é exequível. Ethan Mao sugere que peçamos para nos reunir com várias pessoas envolvidas no processo de entrevista (incluindo um membro da equipe à qual você irá pertencer). Profissionais em funções paralelas podem lhe dar uma ideia de como é o dia a dia do trabalho.

PODE ME DAR UMA IDEIA DE COMO É A ROTINA DO TRABALHO?

A maioria dos recrutadores com quem conversei recomenda fazer essa pergunta quando você houver avançando suficientemente no processo de entrevista (na terceira ou quarta rodada). É nesse momento que as coisas começam a ficar mais concretas. Fique de olho em seus resultados do Teste de Estresse Diário, atentando para seus antigos gatilhos de estresse (como ver uma reunião sendo desmarcada trinta minutos antes de ocorrer). A consciência desses gatilhos, junto com sua lista de afazeres, pode orientá-lo a propor as questões corretas quando estiver à procura de compatibilidade.

William Tincup utilizava a técnica do trabalho por um dia quando era dono de uma agência de publicidade, para assegurar que os candidatos tivessem uma perspectiva realista sobre como seria o cotidiano. "Eu não contratava ninguém enquanto a pessoa não viesse trabalhar conosco por um dia", contou-me. "Não trabalhar de verdade, mas aprender como era o dia a dia sem pompa nem circunstância." A chave aqui é a expressão "sem pompa nem circunstância". O escritório é muito barulhento? Tem quantos funcionários? O andamento das coisas é rápido? Os chefes gritam com os subalternos ou são educados? Essas coisas podem ser captadas no ambiente.

POSSO SER ENTREVISTADO NO ESCRITÓRIO (SE HOUVER)?

Ultimamente, há muita discussão sobre onde deveríamos realizar as entrevistas, sobretudo para empregos híbridos ou presenciais. A maioria dos especialistas com quem conversei concordou que é preferível marcar no escritório, sobretudo se você for trabalhar nesse espaço.

"Se você observar onde a entrevista é realizada — seja uma pequena sala de reuniões, seja um auditório —, em geral se trata de um lugar estrategicamente situado na parte da frente do local. O candidato não atravessa o escritório todo para chegar à entrevista", me disse Erin Andersen. Por sua experiência, arranjos como esse são um bom indício de que os demais funcionários não foram avisados da entrevista e se você pedir para conhecer o escritório provavelmente verá as pessoas em seu habitat natural. Após fazer isso, reflita: "As pessoas parecem felizes? Há diversidade? Estão todas envolvidas no trabalho? Se for horário de almoço, elas continuam em suas mesas ou fizeram uma pausa para comer?". Erin chega a recomendar que você tente marcar a entrevista para o horário de almoço, se quiser obter a resposta a essa última questão.

A estratégia de Erin para conhecer o ambiente de trabalho está fundamentada na pesquisa em ciências sociais de avaliar a personalidade das pessoas com base no ambiente que ocupam. Pequenas coisas, como onde as pessoas sentam, qual a proximidade dos executivos com os demais e o estado da cozinha do escritório (ela foi usada nos últimos seis meses?), podem nos dizer muita coisa sobre o ambiente de trabalho.

Questões para os profissionais em crise de identidade

Além das cinco questões críticas, há algumas questões importantes que você deve fazer se estiver passando por uma crise de identidade.

QUANTA EXPERIÊNCIA DIRETA NO EMPREGO É NECESSÁRIA PARA TER UM BOM DESEMPENHO?

Passei a maior parte deste capítulo ensinando você a descrever suas habilidades de modo a torná-las atraentes para as empresas. Mas em algumas profissões não há como contornar a necessidade de uma experiência direta. Esse fato ficou bem claro no exercício "Ninguém me contou que...", em que muitas surpresas indesejadas se referiam a responsabilidades adicionais no emprego, incluindo aquelas para as quais só a experiência direta ajudaria o recém--contratado a se preparar (como ter de carregar mobília pesada ao trabalhar em um depósito de objetos de arte). A experiência direta muitas vezes expõe a pessoa a um lado da profissão não muito divulgado. Mas oferece uma vantagem adicional, além do aprendizado de novas habilidades: ajuda a formar conexões sociais.

Assim que terminou a escola, o estilista de cabelo Joshua Barbieri, de Nova York, conseguiu um estágio com Vidal Sassoon em San Francisco, na década de 1990. Nessa época, convenceram-no a fazer coisas como cortar os deslumbrantes cabelos loiros de uma mulher em um estilo "corte de vovó", e assim ele descobriu como era lidar com clientes insatisfeitos (e, aparentemente, chefes sádicos). Não foi a experiência prática que de fato enriqueceu Josh, mas a rede de contatos que o lugar proporcionou. Trabalhar naquele salão foi quase como ter a chave que abria uma porta invisível para a profissão. A partir daí, ele conseguiu montar uma carteira de clientes invejável por meio de recomendações diretas de Vidal Sassoon. Para se firmar na prática dessa profissão, era necessário ter experiência anterior. Os dentistas, talvez surpreendentemente, agem de maneira similar: aqueles que começam na profissão muitas vezes dependem de um dentista mais bem estabelecido para compartilhar seu consultório e seus clientes. Quando o dentista mais velho está para se aposentar, muitos o procuram para adquirir sua carteira de clientes e não precisar montar uma própria. A experiência de trabalhar diretamente com um dentista mais velho na realidade se resume a comprar uma lista de contatos.

EXISTE TREINAMENTO PRÁTICO PARA ALGUÉM COMO EU?

Um dos principais motivos para as pessoas fracassarem na transição bem-sucedida para uma nova área não é que suas habilidades sejam intransferíveis, e sim não haver uma estrutura de apoio preparada para ajudá-las a aplicar suas habilidades no novo ambiente. O aprendizado não acontece por osmose, tampouco simplesmente ficando perto de pessoas que são boas no que fazem. Acontece quando as empresas tomam medidas concretas para assegurar que seus funcionários não tenham longas listas de "Ninguém me contou que...". E um meio de conseguir isso é com o treinamento.

Na entrevista, pergunte se a empresa dá treinamento formal para profissionais em transição como você. Por exemplo, se você trabalha em vendas ou marketing, consegue perceber como é uma versão bem-sucedida (ou malsucedida) de apresentação para o cliente? Há alguém para treiná-lo de modo a incrementar suas apresentações? Alguém vai orientá-lo na negociação de preços com os clientes e no *upselling* (um jargão para a estratégia de fazer com que o cliente gaste mais do que pretendia)?

Recursos como esses não só o ajudam a aprender, mas também reduzem o número de e-mails solicitando ajuda que você precisará enviar quando estiver no começo. A maioria de nós sabe como é a sensação de impotência quando não podemos dar o passo seguinte enquanto alguém não elucidar nossa dúvida. Aprender com os outros é positivo, mas ser dependente deles para se desincumbir dos elementos básicos do trabalho não é.

Aproveite a entrevista para também perguntar sobre a estrutura do feedback. Se você já leu meu livro *Jerks at Work* sabe que sou grande fã do feedback contínuo e específico. Para os recém-chegados, essa avaliação é indispensável. Parte do seu processo de aprendizado será obter esse retorno e a pessoa que o entrevistar deve ser capaz de dizer o que você deve esperar desse processo.

Finalmente, pergunte se há uma janela de tempo dedicada ao aprendizado. Não me refiro àqueles três meses em que ninguém está avaliando a qualidade de seu trabalho porque você está em "período de aprendizado", mas ao momento em que você pode ter a experiência prática de que necessita. Questões como "Serei capaz de fazer sombra a outro funcionário que é especialista em minha função?" e "Vou receber feedback oportuno sobre meu progresso?" são perguntas razoáveis.

QUAIS OS MOTIVOS MAIS COMUNS PARA PESSOAS EM TRANSIÇÃO DE CARREIRA COMO EU TEREM FRACASSADO NESSE TRABALHO ANTES?

Gosto de perguntar aos entrevistadores como é quando as pessoas fracassam. Pode parecer um pouco negativo (por que não perguntar como é quando as pessoas são bem-sucedidas?), eu sei, mas o motivo é simples: quando elas se saem mal, quem as contratou em geral faz uma boa ideia do motivo. A visão em retrospecto nos permite enxergar com clareza e as perdas assumem dimensão maior do que os ganhos. Os gerentes de contratação lembram dos equívocos que cometeram e que acabaram levando ao fracasso da pessoa contratada.

Janet, presidente de uma empresa, percebeu desde cedo que uma das principais razões para profissionais Em Crise de Identidade falharem no negócio de consultoria devia-se ao fato de que, ainda que conhecessem perfeitamente os produtos que vendiam (e muitos eram ph.D. em psicologia, o que os tornava um grande trunfo para o departamento de pesquisa e desenvolvimento), tinham pouca experiência direta com os clientes. Esses profissionais em transição, que frequentemente vinham de um trabalho de pesquisa, não sabiam muito bem como estabelecer limites com os clientes. Muitos ficavam numa posição difícil, prometendo mais do que podiam cumprir. Após alguns equívocos de contratações, Janet criou uma nova regra: por mais que alguém mostrasse conhecimento do meio, só poderia ser admitido se houvesse trabalhado diretamente com clientes. Ela própria tivera de superar esse obstáculo em seu momento de profissional em transição, trabalhando por alguns meses numa firma de consultoria, quando foi uma mera observadora durante as reuniões com clientes antes de receber permissão para falar.

Seu entrevistador deve ser capaz de responder "Por que o funcionário anterior não deu certo?" com exemplos comportamentais específicos. Se recorrer a platitudes, como "Não era o que estávamos procurando", há uma boa chance de não ter compreendido o que você quis dizer com "não deu certo". Você quer trabalhar em um ambiente onde seu supervisor e sua equipe entendam sua situação de profissional em transição iniciando numa nova área, estejam cientes das possíveis maneiras pelas quais você poderia fracassar nessa função e adotem medidas preventivas para evitar isso.

LIÇÕES DE CARREIRA

PRIMEIRA ETAPA:

- Compreenda até que ponto você ainda se identifica com sua antiga carreira, fazendo essa avaliação repetidas vezes e buscando consistência antes de passar à próxima etapa.

- Use suas respostas do Teste de Estresse Diário para investigar o que faz com que seus sentimentos em relação a sua identidade de carreira oscilem.

SEGUNDA ETAPA:

- Elabore uma lista de suas habilidades atuais usando o Exercício das Três Coisas: mencione uma tarefa que você realiza no trabalho, uma habilidade que você usa para executar essa tarefa e em que contexto faz isso.

- Crie uma rede de contatos de pessoas com experiências diversas, que trabalhem em empresas variadas e ocupem diferentes cargos. Em outras palavras, uma rede *sem sobreposição de informações*.

TERCEIRA ETAPA:

- Prossiga com suas conversas de networking e carreira, focando pessoas que trabalham na mesma área, mas em empresas diferentes, assim você pode investigar mais a fundo como é o cotidiano de seu futuro trabalho.

- Conheça o currículo oculto — regras e normas não divulgadas no site das empresas — e novos jargões.

QUARTA ETAPA:

- Prepare currículos e cartas de apresentação específicos para cada emprego a que irá se candidatar, exemplificando como suas habilidades atuais se aplicam à nova profissão. Trate a entrevista como uma via de mão dupla. Faça perguntas que proporcionem uma visão das normas ocultas do trabalho, incluindo habilidades e experiências que são esperadas de você, mas não são anunciadas.

2. Os Distanciados

*Eu costumava adorar meu trabalho,
mas agora não o reconheço mais*

"Não acredito que costumava fazer essa maldita baldeação todos os dias."

Mia, especialista em marketing, não consegue entender a insistência da empresa em retomar o trabalho presencial. Passados dois anos da pandemia, para ela ir ao centro da cidade para seus dias "obrigatórios" faz tanto sentido quanto usar uniforme no ensino fundamental: uma regra forçada e restritiva, sem nenhum impacto em sua capacidade de realizar o trabalho.

A maioria de nós consegue entender sua frustração; ninguém quer ser obrigado a voltar a trabalhar no escritório, sobretudo se a experiência oferece pouco mais do que uma mudança de cenário. Mas esse comentário dela me surpreendeu. Mia costumava *adorar* ir para o trabalho. Como ela lamentara a diminuição de suas interações sociais, reduzidas a quadradinhos numa tela, achei que seria uma das primeiras a querer voltar.

"Em minha defesa, não ajuda que na verdade não tenhamos mais escritório. O que fazemos hoje é esse negócio chamado '*hoteling*': basicamente nos reunimos numa sala de conferências em um hotel nos dias presenciais", ela diz. Muitas empresas estão fugindo da alta dos aluguéis, então passaram a alugar espaços em outros locais.

Quando a pressiono para saber se o problema é o escritório itinerante, ela é um pouco evasiva. "Talvez, mas sei lá, muita coisa mudou", diz. Sua fonte de insatisfação soa nebulosa e difícil de identificar. Aparentemente, não se trata de apenas uma coisa errada, nem de duas ou três, mas foi a atmosfera toda do trabalho que mudou. As pessoas parecem menos engajadas e dispostas a se ajudar. Circulam como zumbis entediados e ninguém se importa se algum negócio foi fechado ou não. É como viver em um mundo que era colorido e agora ficou preto e branco.

O maior desafio dos Distanciados como Mia é detectar o que está errado ou mudou no trabalho. Ela tem uma lista de suspeitos, porém. Primeiro, houve os cortes de orçamento devido à pandemia e as pessoas perderam as regalias que faziam do escritório um ambiente reconfortante. Depois a economia naufragou. Algumas pessoas foram demitidas, e as que ficaram tiveram seus bônus cortados. Para piorar, quem permaneceu se sentiu mais ocioso, não tendo sua capacidade devidamente aproveitada. E agora, após a reestruturação, seu trabalho é uma combinação de sua antiga função com as de outras pessoas, para as quais tem disponibilidade, mas não conhecimento técnico.

A situação toda parece caótica.

Pergunto o que seria necessário para pôr a empresa de volta nos trilhos, mas Mia não faz a menor ideia. Também é bem possível que nos últimos anos seus interesses tenham mudado, que fechar grandes contratos já não a motive tanto, mas ela não sabe dizer com certeza. Como muitos Distanciados, Mia se lembra do que costumava lhe trazer satisfação no trabalho e sabe que agora isso não acontece mais, mas não tem ideia de como consertar a situação. E, principalmente, continua tentando equacionar as mudanças grandes — dispensas, cortes de gastos e reestruturações — com as pequenas, que afetam o dia a dia do trabalho — colegas desinteressados e sugestões insípidas nas reuniões. Mas encontrar padrões nessas mudanças é um desafio que traria dificuldade à maioria de nós.

Quem são os Distanciados?

Este capítulo é para quem acredita saber o que quer de um trabalho e que, em algum momento, pode ter tido o que desejava, mas agora sente que perdeu o envolvimento e até passou a sentir certa amargura com tantas alterações ao redor. Não reconhece mais seu emprego e se preocupa com o que será de sua carreira.

Em termos psicológicos, distanciar-se de um trabalho é parecido com distanciar-se de um parceiro romântico. Houve um momento em que você era incapaz de imaginar ficar longe dessa pessoa. As conversas duravam horas e tudo parecia fluir. Mas, em vez de noites inquietas se perguntando por que um dia achou essa pessoa tão encantadora, nas reuniões com clientes ou colegas você fica fingindo entusiasmo pela "nova iniciativa" em que estão trabalhando juntos. Agindo assim, no automático, você se pergunta "Em que momento isso mudou e de quem é a culpa?".

Como na maioria dos relacionamentos que esfriam, a mudança de disposição não aconteceu da noite para o dia. Uma série de pequenas coisas foi se acumulando ao longo do tempo e minando o sentido que você extraía do trabalho. Compreender o que o levou a ficar infeliz será crucial para a segunda etapa: chegar a uma conclusão sobre o que você espera de sua futura carreira. E, para isso, você vai precisar bancar o detetive e fazer uma pequena investigação a fim de descobrir como as diferentes mudanças se relacionam entre si — das maiores, como a alteração da política em relação ao trabalho remoto, às mais cotidianas, como de quantas horas você dispõe para concluir algo.

Quando sentimos esse distanciamento de nosso trabalho, o primeiro passo a ser dado em geral é criar uma lista das coisas que nos deixam descontentes, de modo que, ao procurar emprego, saibamos o que queremos. Essa lista muitas vezes inclui comparações entre o passado e o presente. "Eu costumava ter duas semanas para preparar um novo relatório e agora tenho dois dias" ou "Eu trabalhava com uma equipe confiável de cinco pessoas, mas após as demissões elas foram substituídas por gente nova e sem experiência. Não consigo nem lembrar seus nomes!".

Os Distanciados muitas vezes focam aquilo que perderam. Isso vale para as relações amorosas, e seu relacionamento com o trabalho não é exceção.

Recomendo uma estratégia diferente. Primeiro, retroceda um pouco e reflita sobre as alterações que você vivenciou, boas e más — quem senta à mesa ao lado da sua, quem é seu chefe e se há um novo sistema de software que todos deveriam conhecer, mas apenas alguns aprenderam de fato. Essas são mudanças que você vê e sente.

A seguir, pense naquelas ocultas — grandes e estruturais, que estão além do seu controle e, muitas vezes, fora de seu campo de visão. Concentre-se nas mudanças empresariais, como as ocorridas na equipe de liderança, na atitude em relação ao trabalho remoto e no orçamento.

Muitas vezes não vemos a ligação entre esses dois tipos de mudança, mas, como alguém mexendo as cordas de uma marionete, tais decisões de cima para baixo moldam tudo que diz respeito a seu trabalho, da probabilidade de receber um aumento ainda esse ano às caprichosas exigências do chefe. Conforme você avança pela segunda e terceira etapas, peça a sua rede de contatos para explicar não apenas *se* uma reforma organizacional, como cortes no orçamento, influenciou coisas como a composição das equipes, mas também *como* influenciou.

Na última parte de sua jornada de autodescoberta, mostrarei como avaliar suas transformações ao longo do caminho. Em todo tipo de relacionamento envolvendo dois lados que se distanciaram, é bem mais fácil perceber como as mudanças na outra pessoa, ou, nesse caso, no ambiente de trabalho, contribuíram para a deterioração do relacionamento. Mas, como quase sempre é o caso, ambos mudaram. Vou ajudá-lo a explorar sua evolução desde o momento em que começou a se sentir desconectado, identificando como seus objetivos e motivações mudaram e em que atividades você encontra significado. Também recomendo que observe as mudanças proporcionadas por cargos equivalentes pelos quais passou — nem sempre nos tornamos melhores ou piores com o tempo, mas diferentes.

Ao final da seção, você vai juntar todas as peças e criar uma narrativa sobre como chegou aonde está. Você pode não ser capaz de controlar as reformas estruturais no trabalho que o levaram a se sentir desconectado, mas terá uma percepção daquelas que contribuíram para o efeito final. Isso o ajudará a fazer as perguntas certas nas próximas etapas da descoberta de carreira, para se assegurar de que não haverá discrepâncias entre o que foi prometido e a realidade. É comum surgirem falhas de comunicação durante o processo de entrevista e integração. Para os Distanciados, detectar esses pequenos lapsos reduz a probabilidade de se distanciar quando for ocupar uma nova posição.

PRIMEIRA ETAPA: POR QUE ESTOU INFELIZ?

Imagine que, como Mia, você notou diversas mudanças no ambiente de trabalho, das dispensas à reestruturação, que parecem afetar não só o modo como você trabalha, mas também as pessoas com quem você trabalha. Para discriminar a lista de motivos de sua insatisfação, Mia teve o instinto de "pensar grande", focando reformas organizacionais, como dispensas e cortes orçamentários. Mas insisto que aqui você primeiro "pense pequeno", focando as mudanças que o impactaram diretamente.

Que mudanças vivi em meu trabalho?

Apresento a seguir uma lista de doze mudanças comuns no ambiente corporativo, que podem desencadear alterações psicológicas indesejadas, incluindo o acirramento da incerteza e a redução da autonomia e da segurança psicológica. Quais dessas mudanças ocorreram desde que você começou a se sentir um Distanciado?

Assinale todas que se aplicam:

MUDANÇAS NO MEU TRABALHO

- ❏ As pessoas da equipe.
- ❏ A quantidade de coisas pelas quais sou responsável simultaneamente.
- ❏ Meus deveres.
- ❏ A quem me reporto (chefe ou líder de equipe).
- ❏ Perto de quem trabalho fisicamente (mesmo que não diretamente).
- ❏ A expectativa do meu ritmo de trabalho.
- ❏ Minha jornada de trabalho.
- ❏ As pessoas com quem interajo informalmente (cafés ou conversas no corredor).
- ❏ O número de pessoas sob responsabilidade de meu chefe ou supervisor.
- ❏ A frequência com que me reúno com meu chefe ou supervisor.
- ❏ O número de pessoas sob minha responsabilidade.
- ❏ A frequência com que viajo.

Quantos itens você assinalou?

Quando pedi a duzentas pessoas que costumavam gostar de seu trabalho para fazer a mesma coisa, descobri que as modificações mais comuns estão relacionadas àqueles com quem trabalhamos — chefes, líderes, colegas e as pessoas fisicamente próximas — e às mudanças nas responsabilidades e tarefas profissionais. As mais frequentes foram:

1. As pessoas da equipe (81%).
2. A quantidade de coisas pelas quais sou responsável simultaneamente (69%).
3. Meus deveres (67%).
4. A quem me reporto (chefe ou líder da equipe) (58%).
5. Perto de quem trabalho fisicamente (mesmo que não diretamente) (57%).

As pessoas se sentiram distanciadas de seu emprego porque os relacionamentos no trabalho mudaram. Muitas também perceberam uma discrepância entre o que lhes foi dito que fariam e o que estavam fazendo de fato.

> **Alguma reforma organizacional ocorrida no topo acabou afetando as mudanças pelas quais passei?**

Agora que você tem sua lista das pequenas alterações, pode começar a pensar grande: há alguma reforma organizacional que explique as mudanças pelas quais você passou? Talvez, como Mia, você tenha vivenciado uma reestruturação que alterou a composição das equipes, o que por sua vez causou um impacto nas tarefas que lhe pediam para executar. Estou fazendo uma associação fortuita, mas, na realidade, achar um nexo entre grandes modificações no ambiente corporativo e as alterações cotidianas que você experimentou não é lá muito fácil. Poucos de nós dispõem de uma visão abrangente no trabalho; não enxergamos como decisões a portas fechadas repercutem em nós.

Para ajudá-lo, fui direto à fonte e entrevistei 150 tomadores de decisão, em dezenas de profissões, que atuavam nos bastidores orquestrando e implementando alterações no ambiente corporativo. Apresentei a esses líderes a mesma lista de doze mudanças no ambiente de trabalho vivenciadas pelas pessoas, junto com uma lista de dez reformas na empresa, e propus um jogo de comparação entre as duas. Eles podiam fazer quantas associações quisessem. Aqui está a lista de mudanças organizacionais.

> **MUDANÇAS ORGANIZACIONAIS**
>
> 1. Como os bônus, aumentos e salários estão estruturados.
>
> 2. Reorganização da equipe (por exemplo, duas equipes se fundem).
>
> 3. Mudança de política em relação ao trabalho remoto.
>
> 4. Novo CEO ou líder-sênior que supervisiona as coisas.
>
> 5. Demissões.
>
> 6. Novo sistema de software que afeta o modo como as pessoas trabalham.
>
> 7. Mudança para um escritório diferente.
>
> 8. Layout do escritório.
>
> 9. Fusão de uma empresa com outra.
>
> 10. A economia global.

Curiosamente, descobri que apenas 16% dos líderes associaram uma das cinco principais mudanças vividas pelos Distanciados a uma reforma no nível da organização. Esse número é muito pequeno, considerando que 50% dos entrevistados afirmaram perceber ambos os tipos de mudança. Até as pessoas que ajudaram a planejar ou implementar grandes transformações e testemunharam alterações diárias no cotidiano dos funcionários ficaram sem compreender muito bem como uma mudança *causava* outra.

É bastante fácil tirar conclusões sobre como grandes alterações no alto repercutem embaixo e nos afetam. Dizemos coisas como "Após as dispensas e os cortes orçamentários, minha equipe agora é outra, então quero evitar uma empresa que possa estar fazendo dispensas e cortes de orçamento no futuro". Mas, como esses dados mostram, nem os envolvidos nas demissões e nos cortes orçamentários enxergam ligações claras. Não podemos presumir que essas associações existam no mundo real tão claramente quanto possam existir em nossa cabeça. Nas etapas dois e três, se alguém na rede de contatos fizer um comentário desses, pergunte a ele *como* as mudanças estão associadas, não apenas *se* estão. Você quer ter evidências de que a conexão é de fato real.

Finalmente, não deixe de investigar reviravoltas inesperadas ou que escapam ao radar. Fiquei surpresa em ver "um novo sistema de software" aparecer duas vezes entre as cinco principais associações de mudança sugeridas pelos líderes. Quando queremos explicar o motivo de nossa infelicidade no trabalho, muitas vezes focamos reformas sobre as quais todos estão falando — dispensas, cortes orçamentários e a economia mundial são grandes candidatos. Mas, muitas vezes, a causa são aquelas que nos pegam desprevenidos e influenciam nosso trabalho inesperadamente. Para detectar esse tipo de mudança, pergunte a sua rede de contatos "Notou alguma mudança surpreendente ou inesperada na organização ultimamente [como alterações no sistema de software]?". As pessoas precisam ser levadas a pensar fora da caixa para revelar esses candidatos ocultos.

> Até que ponto mudei desde que comecei a trabalhar aqui?

Agora que você dispõe de alguns dados sobre os tipos de mudança que podem ocorrer no ambiente corporativo, é hora de girar a chave e pensar sobre si mesmo. Até aqui, foquei como as alterações externas provavelmente são as culpadas por você se sentir desconectado. Mas você decerto também mudou, e isso nem sempre é fácil de detectar. Lentamente, com o tempo, muitos de nós mudamos nossos valores, objetivos e até traços de personalidade sem nos darmos conta.

O psicólogo Nathan Hudson e seus colegas descobriram que alterações nos principais traços de personalidade muitas vezes são indetectáveis.[1] No início de um estudo longitudinal de dezesseis semanas, eles pediram às pessoas que fizessem uma autoavaliação considerando os "cinco grandes" traços de personalidade: extroversão, agradabilidade, conscienciosidade, neuroticismo e abertura para a experiência. Essas características não só são centrais para a percepção de identidade, como constituem um forte preditor de comportamento nas situações sociais. Assim, de quatro em quatro semanas, os participantes voltavam a se classificar e avaliavam até que ponto sua personalidade mudara no mês anterior.

O que o estudo revelou?

A maioria das pessoas foi moderadamente precisa em avaliar sua mudança de personalidade: cerca de 60% estimaram com razoável acerto o rumo e a intensidade da mudança (e se de fato houve mudança). Mas, quando erraram, erraram feio. Quase 40% dos participantes perceberam uma alteração nos cinco traços de personalidade em direção oposta à que haviam relatado. As pessoas simplesmente não monitoraram como classificavam as próprias mudanças com o tempo. Por exemplo, 25% delas acharam que haviam se tornado mais extrovertidas, mas, na realidade, durante o estudo, relataram declínio da extroversão. Outros 10% acharam que estavam menos extrovertidos, quando na verdade relataram estar mais extrovertidos.

Assim, que lições os Distanciados podem extrair desse estudo?

Nossa confiança acerca de nossas mudanças não está necessariamente ligada à dimensão da mudança. E claramente não somos bons em acompanhar nossas alterações ao longo do tempo. Você pode achar que continua o mesmo de sempre — que só o trabalho mudou. Ou talvez ache que mudou muito, e provavelmente numa direção positiva — está mais sábio, mais responsável ou mais hábil. Como o estudo de Nathan Hudson revelou, cometemos erros em ambas as direções, mas os mais comuns são os que nos retratam sob uma luz positiva.

Já me peguei muitas vezes dizendo coisas como "Sem dúvida, ando bem menos preguiçosa do que em 2019! Naquele ano passei muito tempo no streaming". Verdade seja dita: talvez agora esteja até mais preguiçosa, e os registros das minhas horas de streaming estão aí para comprovar. Mas meu desejo de depreciar meu antigo eu preguiçoso faz sentido. A maioria de nós quer melhorar com o tempo.[2] Nathan Hudson e seus colegas observaram esse padrão em seus dados — a maioria das pessoas errou a mão na autovalorização.

Os Distanciados em meu estudo também mostraram esse viés. Perguntei às pessoas até que ponto achavam que estavam defasadas em relação ao trabalho ou o trabalho em relação a elas. Usando uma escala de 1 a 5 para essas duas questões, a maioria se considerou cerca de 1,5 ponto à frente do trabalho. Nós melhoramos, nossos empregos pioram.

O segundo equívoco que cometemos é pensar abstratamente demais sobre a mudança, o que pode obscurecer as maneiras específicas pelas quais mudamos. Pedi a metade dos Distanciados em meu estudo para completar a frase "Eu costumava ser... e agora sou...", após o seguinte comando: "Estamos interessados nas maneiras pelas quais você acha que mudou desde que notou mudanças no trabalho". Dei a eles cinco sentenças como essa para preencher.

O foco da maioria foram as emoções — antes eu era feliz, agora estou cansado, antes eu era interessado, agora me sinto entediado. Focar como nos sentimos no passado comparado ao presente é natural mas de pouco proveito na hora de procurar emprego. O importante são as coisas concretas que você espera de seu próximo trabalho.

Para ajudar as pessoas a serem mais objetivas, a outra metade dos Distanciados recebeu este comando: "Eu costumava *preferir* X e agora *prefiro* Y". Estas respostas estão na raiz das necessidades pessoais.

- Eu costumava preferir reuniões presenciais e agora prefiro reuniões virtuais.
- Eu costumava preferir trabalhar isolado e agora prefiro um escritório aberto.

Um dado que me surpreendeu foi a quantidade de comparações entre cargos equivalentes feitas pelas pessoas: as maneiras pelas quais sua carreira não necessariamente melhorou ou piorou, apenas ficou diferente. A mudança de uma situação para outra equivalente ocorre com frequência em nossa vida; passamos a preferir chá a café, dormir mais cedo e não mais tarde. No trabalho, isso também acontece, mas normalmente não nos damos conta. Talvez no passado você preferisse um ambiente de escritório aberto e agora prefere trabalhar em casa.

Assim, quando se trata de pensar no que você pode querer futuramente, não deixe de começar pela afirmação "Eu costumava preferir X e agora prefiro Y". Evite generalizações como "Eu costumava ser X e agora sou Y", que condicionam sua resposta.

Sua vez:

> Eu costumava preferir _____ e agora prefiro _____ .

Crie uma lista de preferências

Na primeira etapa, pedi que refletisse sobre o que está em transformação. Como organizar o que você aprendeu da forma mais útil possível para a segunda etapa? Seu objetivo é elaborar uma lista de preferências, por escrito e em termos concretos, para sua futura prospecção de emprego. Para criar essa lista, recorra ao exercício das preferências ("Eu costumava preferir X e agora prefiro Y"), valendo-se de insights do questionário de mudanças no ambiente corporativo que sejam mais relevantes para essa preferência específica. Por exemplo, imagine que você notou uma mudança indesejada nas reuniões com seu chefe — elas costumavam ser consistentes e semanais e agora são esporádicas. Também notou que costumava preferir ter autonomia no trabalho (ser deixado em paz), mas, agora que está claramente a caminho da liderança, quer trabalhar para um chefe com um plano de feedback consistente. Essas duas coisas — uma agenda de reuniões robusta e uma estrutura de feedback clara — andam de mãos dadas.

Quando sua lista estiver pronta, classifique suas preferências segundo estas três categorias: "imprescindíveis", "seria bom se tivesse" e "estou disposto a abrir mão". As três podem mudar um pouco na segunda etapa, mas seu objetivo é ter um ponto de partida.

SEGUNDA ETAPA: O QUE ESPERO DE MINHA FUTURA CARREIRA?

Em muitos aspectos, os Distanciados são um dos grupos mais sortudos de candidatos a emprego mencionados aqui. Eles sabem como é ter um bom relacionamento com o trabalho; a dificuldade consiste em descobrir o que precisam fazer para reproduzi-lo. Para isso, organizei a segunda etapa em torno das três principais questões às quais os Distanciados precisarão responder:

1. Tenho uma boa percepção de como minha área está mudando rápido, não apenas meu trabalho?
2. Em caso afirmativo, as mudanças em minha área são tão drásticas que posso querer considerar uma mudança de carreira?
3. Se quiser permanecer nessa carreira, quais as chances de encontrar tudo que considero imprescindível num mesmo lugar?

Abaixo elaboro cada questão em mais detalhes e depois forneço um guia de networking para ajudá-lo a responder a elas. Assim como o profissional Em Crise de Identidade, o Distanciado aprenderá uma estratégia destinada a atender suas necessidades específicas.

Tenho uma boa percepção de como minha área está mudando rápido?

Pode acontecer de você não ter se distanciado apenas de seu emprego, mas de sua carreira como um todo. Muitos sentem que sua área mudou tão radicalmente em anos recentes que mergulhou numa era de caos. Mas nem todas as carreiras estão mudando no mesmo ritmo — umas permaneceram estáveis, enquanto outras passaram por reviravoltas inimagináveis.

Se você não sabe ao certo se sua atual carreira está mudando rapidamente, pode começar investigando o mundo do "futuro do trabalho" para ter uma ideia das transformações em termos mais amplos. Por exemplo, o Departamento de Estatísticas do Trabalho dos Estados Unidos informa sobre mudanças em fatores como taxa de crescimento, remuneração e habilidades necessárias para iniciar uma carreira.[3] A McKinsey fornece uma análise detalhada de quais carreiras estão estagnadas (inclusive empregos envolvendo comunicação, como consultores), em declínio (empregos envolvendo coleta e processamento de dados, como contabilidade e trabalho paralegal) e em evolução (empregos envolvendo saúde, como medicina e enfermagem).[4]

No capítulo "Em Crise de Identidade", comentei sobre descobrir o currículo oculto no trabalho pedindo às pessoas para completar a sentença "Antes de começar neste emprego, ninguém me contou que...", com o objetivo de investigar todas as possibilidades quando você estiver se aventurando em um território profissional pouco familiar. Os Distanciados também precisam descobrir informações ocultas mas específicas sobre *mudanças* no trabalho. Durante as conversas de networking com pessoas que têm emprego similar ao que você deseja, pergunte a sua rede de contatos "Que mudanças você presenciou em sua carreira nos últimos anos sobre as quais as pessoas não estão falando de fato? O que constituiu uma surpresa para os recém-chegados?".

Seu objetivo nessas conversas é captar tendências que não estão bem documentadas — que escaparam ao radar e ainda não figuram em nenhum relatório mundial de empregos. Quando propuser essas questões, pense em pequena escala. As pessoas são muito boas em recordar alterações em sua rotina diária de trabalho quando elas pioraram a situação ou quando surpreendentemente melhoraram sua vida. Aprendi essa lição em uma experiência recente no hospital. Durante minha estadia, o tópico de conversa mais constante entre a equipe de enfermagem foi a nova política de vagas para estacionar (antes eles usavam o estacionamento dos pacientes, mas agora tinham de usar um estacionamento mais afastado). Almoçar fora do hospital ficou quase impossível (o tempo era curto) e as pessoas gastavam vinte minutos a mais todo dia para chegar ao trabalho. Essa pequena alteração, provavelmente promovida por alguém de cima, por motivos ignorados, sem dúvida exerceu um grande impacto no trabalho diário das pessoas. Com mais algumas mudanças indesejadas como essa, metade da equipe de enfermagem entrará para a turma dos Distanciados em menos de um ano.

Minha carreira tomou um rumo completamente novo?

À medida que você começa a criar uma rede de contatos com outros profissionais da sua área, temas sobre a natureza das mudanças começam a emergir. Algumas são tão radicais que você talvez se pergunte se sua carreira não teria assumido um rumo completamente novo (com o qual você não se sente confortável). Uma das melhores maneiras de detectar esse tipo de alteração é pedir a seus contatos para falar sobre as mudanças em suas tarefas diárias: "As tarefas que você está fazendo mudaram a ponto de seu trabalho ter ficado completamente diferente do anterior?". Se receber muitas respostas afirmativas, talvez você faça parte de uma reforma mais ampla na área como um todo.

Tricia Baker, uma psicóloga escolar e terapeuta com quem conversei, inclui-se nesse grupo: "No início de minha carreira, eu trabalhava com adolescentes precisando de ajuda. Seus problemas domésticos eram imensos, muitos tinham um histórico de abuso. Senti como se meu trabalho estivesse fazendo diferença. Mas então tudo mudou. Eu passava o dia testando as crianças para Programas de Educação Individualizada. Dava o teste, anotava a pontuação e escrevia um relatório. Testar os jovens é parte do trabalho de uma psicóloga escolar, mas não deveria ocupar seu tempo todo. E não fora para isso que eu me candidatara àquele cargo".

Tricia acabou percebendo que não era apenas seu trabalho como psicóloga escolar que mudara, mas a carreira de psicóloga escolar. Ser capaz de ministrar e pontuar testes para os alunos era mais valorizado do que ajudá-los a solucionar conflitos e lidar com questões emocionais, pelo menos nas escolas do distrito em que estava disposta a trabalhar. Ela descobriu isso criando uma rede de contatos com outros psicólogos escolares. Perceber que precisava mudar de carreira, não apenas de trabalho, foi uma parte importante de sua jornada. Ela voltou aos estudos, obteve o mestrado em psicologia clínica e começou sua transição. Como veio a descobrir, o capítulo "Em Crise de Identidade" foi mais relevante para ela do que este, e pode ser para você também.

Se, porém, você notar que as mudanças em sua carreira não são tão drásticas a ponto de fazer com que você queira saltar do barco, então precisará voltar a sua lista de preferências. A essa altura, sua investigação já lhe permitirá concluir: "É nesta carreira que quero seguir". A orientação que forneço no restante do capítulo é para quem decidiu permanecer em sua área, mas quer trabalhar para uma empresa diferente.

Como elaborar minha rede de contatos para responder às questões da segunda etapa?

Como mencionei na introdução e no capítulo "Em Crise de Identidade", a melhor forma de aprender sobre uma carreira é conversar com as pessoas.

Mas, quando se trata de formar novas redes de contato, não há um modo certo ou errado de fazer isso. Abaixo explico em detalhes sobre quem procurar em seu networking, mas, ao passar por esse processo, lembre-se de que ele não tem nada a ver com bajular alguém para tentar se promover. Seu objetivo é revelar o conhecimento oculto sobre o qual as pessoas não falam com frequência: experiências diárias (como o lugar onde precisam estacionar para chegar ao trabalho) que impactam sua vida profissional.

Primeiro identifique as organizações com as quais você quer trabalhar, depois procure os gerentes de contratação

Qual a melhor estratégia de networking para você, Distanciado? Presumindo que tenha decidido permanecer em sua atual carreira (você não é um profissional Em Crise de Identidade), identifique primeiro potenciais organizações ou empresas para as quais gostaria de trabalhar no futuro.

Por que não começar conversando com pessoas que têm o emprego dos seus sonhos, sem levar em conta onde trabalham? Durante a segunda etapa, seu principal objetivo é compreender a relação entre suas preferências (e avaliar se elas existem no lugar que você está considerando) e quais alterações no trabalho podem influenciar a sobrevivência dessas preferências no futuro. As mudanças vividas no trabalho muitas vezes atingem inúmeras pessoas — afetam diferentes cargos, equipes e gestores. O questionário das alterações diárias, por exemplo, incluía alteração nos membros da equipe, mas até mesmo essa mudança "localizada" pode influenciar muita gente na organização, independentemente da equipe em que estejam. Esse decerto foi o caso daquele hospital: os enfermeiros e enfermeiras não foram os únicos afetados pelas novas regras de estacionamento; houve queixas também entre os médicos e a equipe de limpeza. Quanto maior for o número de funcionários em uma empresa com os quais você conversar, maior será sua compreensão de como certas alterações são disseminadas e qual é a probabilidade de uma futura mudança o afetar. Podemos não entender a causa das mudanças — e, como ilustrei na primeira etapa, esse é o caso até para os que provocaram as reformas —, mas é possível descobrir quantas pessoas foram afetadas por elas.

Gostaria de começar pela meta de toda semana procurar um punhado de empresas para as quais você poderia estar interessado em trabalhar. Com base nisso, planeje sua rede de contatos. Muitos especialistas com quem conversei recomendam procurar os gerentes de contratação (algo que pode ser feito por meio de buscas no LinkedIn) ou recrutadores das empresas. Você pode se perguntar: "Por que não falar com quem ocupa o cargo que desejo para aprender mais sobre ele?". Você acabará fazendo isso, mas, por ora, é melhor conversar com pessoas que tenham uma perspectiva mais ampla.

Gerentes de contratação muitas vezes dispõem de informação privilegiada sobre as futuras contratações e esse é um dos motivos para você procurar apenas empresas que estejam contratando ativamente. Meghan Conaty me contou que às vezes entrevista as pessoas antes de elas terem visto a descrição do cargo. Ela as direciona para determinada função após conhecê-las. Os recrutadores também estão sempre em busca de criar um relacionamento de longo prazo; talvez não tenham nada para você no momento, mas não se surpreenda se voltarem a procurá-lo daqui a cinco anos.

Depois, encontre funcionários atuais ou antigos dessas empresas

Você vai querer perguntar às pessoas que ocupam o cargo que ambiciona sobre sua lista ideal de preferências. Nesse momento, pode ficar tentado a conversar com o maior número de pessoas possível. Mas várias vezes gerentes de contratação me disseram que ter moderação é o melhor nessa fase. Se você ainda não compreende a estrutura da empresa, se arrisca a procurar as pessoas erradas. Ethan Mao recomenda perguntar ao gerente de contratações ou recrutador, por exemplo: "Poderia me pôr em contato com alguém que já ocupa essa posição para eu não correr o risco de mandar uma mensagem para a pessoa errada?" ou "Quem é a melhor pessoa para conversar de modo a explorar mais oportunidades?".

À medida que começar a contatar as pessoas, crie uma rede que inclua uma gama ampla de empresas (sugiro começar com três), mantendo de três a quatro contatos dentro de cada uma. Fique a par de quantos desses contatos se conhecem entre si. A densidade da rede de contatos — ou seja, em que medida cada contato em sua rede conhece outro contato dentro dela — pode influenciar o volume de sobreposição de informação em seu resultado final, tema que discuti no capítulo "Em Crise de Identidade". Um pouco de sobreposição de informação é bom; conversando com três subordinados de um mesmo chefe, podemos obter uma percepção do grau de similaridade de suas experiências. Se você conversa com três pessoas que não só trabalham para a mesma empresa, como também participaram do recrutamento umas das outras, talvez haja excessiva sobreposição de informações. Elas podem ter três de seus cinco requisitos imprescindíveis, mas suas experiências não se aplicam a alguém que não faça parte desse grupo reduzido. A única forma de descobrir é procurar mais gente.

Monitore as experiências compartilhadas e as não compartilhadas

Ao começar a perceber se as suas preferências imprescindíveis existem em um emprego, e até que ponto são estáveis, investigue o grau de consenso nas respostas das pessoas. Assim você terá dados não só sobre se determinada empresa oferece o que você considera incontornável e em que medida isso é estável, como também sobre se há muitas pessoas nessa empresa com experiência similar de requisitos imprescindíveis. Isso parece óbvio, mas não confie na sua memória dessas conversas. Anote por escrito o que descobriu assim que a informação chegar a você.

TERCEIRA ETAPA: APURANDO OS FATOS PARA VERIFICAR SE O TRABALHO É O IDEAL PARA MIM

O objetivo da segunda etapa é descobrir as organizações para as quais você está interessado em trabalhar. Na terceira etapa, você vai aprender a fazer as perguntas certas durante o processo de candidatura e entrevista para assegurar que o cargo seja adequado ao seu caso. Para os Distanciados, o principal tema desse processo é garantir que o trabalho conquistado se alinhe ao que foi prometido. A essa altura, você sabe o que quer, mas precisa avaliar cuidadosamente se um emprego ao qual está se candidatando e para o qual está sendo entrevistado pode oferecer isso.

Quando fazia a pesquisa para este livro, descobri um padrão interessante: as falhas de comunicação entre profissionais de contratação e candidatos a emprego são frequentes, e muitas vezes começam por coisas ínfimas, porém com o tempo levam a expectativas divergentes de como deveria ser determinado trabalho. Pequenos deslizes, como deixar de perguntar se certo cargo está vago ou qual foi a participação de seu futuro gerente na criação dele, têm efeito cumulativo. É fácil passar semanas em entrevistas com pessoas que na verdade nunca virão a ser seus supervisores no trabalho.

Há vários estágios em um relacionamento com seu trabalho em que essas falhas de comunicação podem surgir, e a terceira etapa diz respeito a detectá-las em cada um deles. A maioria de nós consegue compreender as falhas de comunicação cotidianas com base em nossa experiência nos relacionamentos românticos. Desde o início da fase do namoro, as falhas de comunicação surgem quando o casal não é completamente honesto sobre pequenas preferências pessoais; por exemplo, se você realmente aprecia determinada comida feita pelo cônjuge ou parceiro. Posteriormente, quando o relacionamento amadurece e não é mais necessário fingir que gostamos daquele prato, as falhas de comunicação ocorrem por questões maiores, como querer ou não ter filhos e quanto dinheiro deve ser economizado todo mês. O mesmo padrão acontece em sua relação com o trabalho: as falhas de comunicação começam muito cedo, ao ser elaborado o anúncio de emprego, e continuam a ocorrer na fase de entrevistas. Para evitar isso, porém, podemos fazer perguntas claras de modo a assegurar que não caiamos na armadilha da má comunicação.

O anúncio de emprego

QUEM REDIGIU?

A maioria acha que os anúncios de emprego são escritos, ou pelo menos foram revisados, pelas pessoas que nos supervisionarão no trabalho. Fiquei surpresa em descobrir que raramente isso acontece. Na verdade, muitas descrições de cargos são elaboradas pelo pessoal de recursos humanos, que supervisiona o processo de contratação e integração. Poucos especialistas com quem conversei estão convencidos de que essas descrições sejam suficientemente personalizadas para refletir com precisão o que o cargo envolve. Segundo William Tincup, as descrições de cargo em geral são criadas com o uso de sites de empregos como "CareerBuilder ou Indeed, recortando, copiando e modificando algumas coisas, e pronto".

O processo de elaboração de anúncios de emprego também tem algo de cíclico e é comum uma empresa remover o anúncio, revisá-lo e voltar a publicá-lo.

Em termos ideais, isso acontece quando os candidatos revelam habilidades novas e interessantes durante o processo de entrevista, quando os gerentes de contratação reavaliam os conjuntos de habilidades que consideram importantes e quando são criados novos anúncios teoricamente mais alinhados com o que determinada empresa espera de um candidato.

A solução para detectar esse problema é simples. Pergunte quem redigiu o anúncio, se o seu futuro chefe foi consultado durante o processo de elaboração e quantas vezes ele foi tirado e postado novamente. Os entrevistadores raramente fornecem essa informação, mas a maioria concorda que é justificado perguntar por ela.

A ENTREVISTA

Volto à entrevista novamente na quarta etapa, mas, como um lembrete rápido, eis aqui cinco perguntas críticas que apresentei no capítulo "Em Crise de Identidade", as quais você também deve fazer nesse ponto. O objetivo dessas questões é assegurar que suas expectativas estejam alinhadas com o que é oferecido. Relembrando, são elas:

- Qual o objetivo da entrevista?
- Por que esse cargo foi criado?
- Com que frequência você interagiu com o gerente de contratação?
- Pode me dar uma ideia de como é a rotina do trabalho?
- Posso ser entrevistado no escritório (se houver)?

QUARTA ETAPA: CONSEGUINDO O EMPREGO

Na terceira etapa, foquei as perguntas que você deveria fazer para aumentar as chances de que suas expectativas se alinhem com o que será oferecido. Na quarta, passo da perspectiva de quem procura um emprego para a de quem contrata. Assim como você, essas pessoas têm uma lista de quesitos imprescindíveis. Como ter certeza de que o que você tem a oferecer se alinha com o que estão procurando?

Formule suas habilidades de modo a adequar o seu perfil à vaga

Os profissionais Distanciados são experientes e por isso apresentam um conjunto de habilidades variadas. Eles também sabem como maximizar suas habilidades — utilizadas de uma maneira que facilite tanto seu desempenho como o dos colegas. Tudo isso é bom. É sempre mais fácil preparar um currículo e uma carta de apresentação sob medida para um emprego quando sabemos no que somos bons e o que queremos.

A maioria dos recrutadores com quem conversei frisou a importância de mostrar que você ajudou a atingir um grande objetivo, seja de sua equipe, seja diretamente da empresa. Recomendo dar destaque para essas realizações mais importantes, porém usando de bom senso. Exagerar suas contribuições é um dos maiores equívocos cometidos por profissionais experientes em busca de emprego.

O que quero dizer com exagero? Eis aqui alguns exemplos relativamente comuns que me contaram.

Apresentamos resultados reais, mas exageramos em que medida contribuímos para esses resultados. Por exemplo, imagine escrever em seu currículo: "Minha equipe contribuiu com um aumento de 56,8% em aquisição de clientes para o negócio". Se você participou da equipe que contribuiu para o aumento, mas apenas por duas semanas, isso é exagerar seu papel. Consequentemente, o gerente de contratações pode presumir que você tem mais conhecimento da aquisição de clientes do que de fato tem.

A experiência que apresentamos é real, mas de escopo muito mais limitado do que o currículo sugere. Isso acontece quando usamos termos como "especialista", que implica um nível de experiência que não temos. Não há nenhuma desonestidade explícita, mas subentende-se um nível profundo de conhecimento que pode não corresponder à realidade. Uma maneira de saber se você seria de fato considerado um especialista, em função da sua experiência, é perguntar. Na segunda etapa, pergunte a sua rede de contatos: "Tenho experiência fazendo X. Seria justificado usar a palavra especialista em meu currículo se me candidatasse a um emprego em sua empresa?". Existem normas sobre quem pode se dizer especialista e a única maneira de aprendê-las é perguntando.

Para evitar o exagero de qualificações, Ethan Mao aconselha que durante a entrevista você destaque os limites de seu conhecimento. Ele sugere frases como "Aqui estão as coisas que fiz. Mas para ser honesto com você...", seguido das coisas que você precisa trabalhar ou para as quais quer receber treinamento. Não há problema em mencionar áreas de aperfeiçoamento e muitos entrevistadores, como Ethan, esperam isso. Por outro lado, muitos estranharão se você não o fizer.

Se você não tem certeza sobre como descrever suas habilidades de maneira a chamar a atenção de quem contrata, verifique o capítulo "Em Crise de Identidade", onde analiso pormenorizadamente como descrever suas habilidades, com ênfase em usar o linguajar correto e os termos dos que já trabalham nessa empresa.

Certifique-se de que suas habilidades estejam sendo plenamente avaliadas durante a entrevista

É difícil encontrar um entrevistador que observe suas habilidades profissionais durante o processo de entrevista. Para os Distanciados, que nesse estágio estão confiantes sobre as habilidades que pretendem usar em seu próximo trabalho, assegurar que elas estejam sendo plenamente avaliadas é fundamental.

A maioria dos entrevistadores pergunta sobre suas habilidades, mas poucos adotam uma abordagem prática para vê-las em ação. Se uma empresa decide contratá-lo porque precisa que você depure cem linhas de código em cem segundos, e lhe pedem para fazer exatamente isso durante a entrevista, fique certo de que seu trabalho será muito parecido com aquilo que você está esperando. Quanto mais perto a entrevista chega de avaliar suas habilidades relevantes, menor a probabilidade de que você seja designado para trabalhos incompatíveis com sua formação. Em alguns casos, estamos tão ansiosos em deixar o atual emprego que afirmações vagas do tipo "Você cairia como uma luva na cultura de nossa empresa!" soam como música para nossos ouvidos. Resista à tentação de dizer sim se receber uma oferta de emprego após um processo de entrevista que pareça superficial. Procure fazer com que suas habilidades sejam formalmente avaliadas. Lembre-se de que você espera obter um emprego do qual não acabe se distanciando também.

Como conseguir isso? Meghan Conaty sugere dois passos. Primeiro, pergunte: "Onde você imagina que me encaixo na organização?". Seu entrevistador deve estar por dentro da estrutura da empresa. A probabilidade de voltarmos a nos sentir distanciados é muito menor se tivermos um papel claramente definido e o empregador souber quais habilidades são exigidas para o cargo. Se eles não forem capazes de descrever seu papel dentro da estrutura mais ampla da organização, nem como seu papel se relaciona ao papel dos demais, seja cauteloso.

Segundo, faça a pergunta: "Como minhas habilidades técnicas serão avaliadas durante a entrevista?". Às vezes você aceita um emprego não muito adequado porque a pessoa que o entrevistou adorou sua personalidade. Se você é carismático, parabéns, as entrevistas de emprego provavelmente são mais fáceis para você do que para o resto dos mortais. Mas, a longo prazo, a incapacidade de selecionar as habilidades de que precisamos para o trabalho será prejudicial. Meghan submete as pessoas a um estudo de caso: "É uma entrevista de uma hora e meia e a pessoa discute como abordaria o problema. Não vai resolvê-lo, mas queremos ver que estratégia ela adota. Em geral, a certa altura o entrevistador tenta fornecer um feedback para ver qual é sua reação". Onde Meghan trabalha, lidar bem com o feedback é uma habilidade que as pessoas precisam ter.

Em alguns empregos, a única maneira de avaliar as habilidades de um candidato é submetê-lo a um cenário que corresponda efetivamente ao que fará no trabalho. Um especialista em contratações com quem conversei, Dan Heasman, passou anos concebendo a entrevista perfeita para obter uma "amostragem das habilidades". Seu método é fazer o candidato e o comitê de contratação passarem por uma experiência de imersão completa que espelhe o trabalho. Como no caso de pedir que a entrevista seja feita no escritório, o objetivo aqui é fornecer uma percepção de como será seu dia a dia. Você tem sua lista de coisas imprescindíveis e eles têm a deles; a entrevista "experimental" pode ajudar a garantir que ambas estejam alinhadas.

Aprenda a contar uma boa (mas verdadeira) história de vida

A maioria dos candidatos passa um bocado de tempo se preparando para tentar impressionar o entrevistador. Grande parte desse esforço é empregada em nossa narrativa pessoal, pelo menos nos Estados Unidos. A maioria dos empregos não exige que saibamos contar uma história tão bem quanto, digamos, Malcolm Gladwell, mas isso não impede o entrevistador de dar muito valor a uma boa história formativa. Grande parte disso vem do popular método Star, em que alguém descreve uma situação em que esteve envolvido, a tarefa realizada, os passos dados para lidar com a situação e o resultado. Em uma de minhas pesquisas com gerentes de contratação, 42% afirmaram ter usado esse método.

Muitos recrutadores com quem falei disseram aos candidatos que, se não melhorassem suas habilidades narrativas, não conseguiriam achar emprego (e, muitas vezes, estavam com a razão). A pressão é tão intensa que, se não temos muita coisa para contar, passamos a inventar.

"Muita gente aumenta as coisas", disse Meghan. Às vezes as mentiras são arbitrárias. Ela se lembra de uma candidata que inventou uma história envolvendo a formatura de alunos mais velhos, mas quando pressionada por detalhes ficou claro que nunca participara da cerimônia. Outra fingiu gostar de ópera, quando na realidade detestava. E, uma vez detectadas essas mentiras, as candidatas foram desconsideradas.

Na condição de Distanciado, você tem um bocado de história para contar. O importante é descrever sua experiência como uma lição aprendida sem desmerecer seu antigo empregador. Na primeira etapa, propus que pensasse sobre quais aspectos do trabalho mudaram a ponto de seu engajamento encolher, digamos. Também o ajudei a refletir sobre o que mudou em si mesmo. Aproveite esses temas para elaborar uma narrativa sobre o que você aprendeu a seu próprio respeito. E se não tem certeza se sua história obteve o efeito pretendido, pergunte a um gerente de contratações em sua rede de contatos na segunda etapa. Muitos terão o maior prazer em fornecer um feedback — esperam que você tenha tanto sucesso quanto eles.

LIÇÕES DE CARREIRA

PRIMEIRA ETAPA:

- Registre as mudanças pelas quais você passou em seu dia a dia usando a lista de verificações de Mudanças no Meu Trabalho.

- Lembre-se de que as reformas organizacionais impactam essas mudanças, mas a maioria de nós não está de acordo sobre como isso ocorre (incluindo as pessoas que ajudaram a implementá-las).

- Concentre-se em como você também mudou no trabalho fazendo o exercício de preferências: "Eu costumava preferir X e agora prefiro Y".

SEGUNDA ETAPA:

- Concentre-se em obter respostas para três questões: 1) tenho uma boa ideia de como minha área está mudando rápido, não apenas meu emprego?; 2) em caso afirmativo, essas alterações na minha área são tão drásticas que eu poderia considerar uma mudança de carreira?; e 3) se quero permanecer nessa carreira, quais as chances de conseguir encontrar tudo que considero imprescindível em um único lugar?
- Crie uma rede de contatos com várias pessoas que trabalham na organização a ser considerada, de modo que você possa descobrir até que ponto é provável que uma mudança organizacional impacte a perspectiva de que seus requisitos imprescindíveis em relação ao novo emprego continuem a existir futuramente.

TERCEIRA ETAPA:

- Faça perguntas sobre o anúncio de emprego, incluindo quem o redigiu e quantas vezes ele foi retirado e publicado novamente, para detectar falhas de comunicação na empresa que o está contratando.
- Faça as cinco perguntas críticas que apresentei no capítulo "Em Crise de Identidade".

QUARTA ETAPA:

- Formule suas habilidades sem exageros, destacando como você contribuiu para resultados da equipe ou da empresa, se for relevante.
- Assegure que suas habilidades sejam inteiramente avaliadas durante a entrevista (e pergunte como serão avaliadas nos primeiros estágios da entrevista).
- Aprenda a contar uma história pessoal boa mas autêntica.

3. Os Sobrecarregados

Estou em toda parte ao mesmo tempo e esse malabarismo não é sustentável

Jake, analista de dados em um banco, bebericava nervoso seu uísque sentado num canto. O presidente do banco enviara um e-mail cumprimentando-o por sua promoção, mas Jake não sentia a menor vontade de comemorar, ainda que aquela festa fosse para ele.

"Deveria ficar animado por terem despedido meu chefe e me colocado no lugar dele?", pensou. "Não, obrigado."

Nessa era de demissões e inflação persistente, muita gente acha que Jake deveria, sim, ter ficado grato. É verdade que com a promoção veio uma tonelada de novas responsabilidades, incluindo gerenciar uma equipe de doze pessoas, mas ela também lhe outorgou o título de "diretor", lhe deu um aumento e um assistente para ajudá-lo com a transição. Para o Segundo Colocado e a Estrela Subestimada — temas dos dois próximos capítulos —, o trabalho de Jake parece o emprego dos sonhos.

Mas além do entusiasmo que a promoção poderia provocar em Jake, ela também era responsável por causar outro sentimento: medo.

Demorei algum tempo para descobrir o motivo.

"Todos os dias, das oito às dez da manhã, fico sozinho diante do computador envolvido num 'trabalho focado'", ele me disse. Um mestre do autocontrole, Jake aprendeu a fazer mais coisas nesse período de duas horas do que a maioria consegue fazer em um dia. E-mails relativos ao trabalho, telefonemas ou conversas casuais ficam proibidos. E, principalmente, nada de *multitasking*.

O restante do dia — das dez da manhã até mais ou menos as quatro da tarde — era dedicado a outras coisas que a maioria considera trabalho— reuniões, e-mails, burocracia. Era interrompido constantemente, mas tudo bem. Por ser tão eficiente em fazer o mais importante no começo do dia, quase nunca trabalhava fora do horário.

Jake sabia havia anos que não é apenas *o que* fazemos no trabalho que nos faz sentir Sobrecarregados, e sim *como* fazemos. "Duas pessoas podem ter exatamente as mesmas cinco tarefas para executar, uma consegue, a outra, não. E meu sucesso se deve a conhecer minhas lacunas e saber como estruturar meu tempo. Ninguém é 'inteligente' o dia todo", ele diz. "Eu trato de fazer as coisas que exigem raciocinar de verdade durante esse pequeno intervalo matinal."

Compreendo a preocupação de Jake. Como escritora, também reservo um "horário para ser inteligente", e a ideia de perder essa janela de duas horas me parece assustadora. A identidade de Jake com sua carreira está ancorada em seu "trabalho focado", não nos e-mails, burocracia ou reuniões.

Quem já sobreviveu ao ponto mais baixo de uma relação pessoal ou profissional, quando ficamos assoberbados cuidando de alguém ou trabalhando até a meia-noite, sem tempo nem energia para gastar nos momentos de intimidade, sabe como um intervalo de duas horas pode ser importante. É uma progressão natural ir de Sobrecarregado a um Distanciado e no fim ficar Em Crise de Identidade.

E para Jake foi isso que aconteceu.

Cerca de um mês depois de sua promoção, nós nos encontramos. "No começo, tentei manter minha rotina matinal", ele me disse. Ele não era interrompido o tempo todo — algo que foi uma agradável surpresa. "Mas daí comecei a quebrar minhas próprias regras. Certa vez, não consegui parar de pensar numa reunião importante marcada para as onze, e assim interrompia o que estava fazendo e revisava minhas anotações para ter certeza de estar preparado." Depois havia a comunicação com o mundo exterior. "Quando as pessoas da minha equipe perceberam que eu entrava no Slack durante essas duas horas, passaram a não me dar sossego." A quantidade de tempo trabalhando em profunda concentração passou de duas horas para uma. E, duas semanas depois, sumiu de vez.

Jake tentou compensar o tempo perdido à noite, mas isso acabou com seu sono e ele não tardou a tirar uma licença. Por ora, seu plano é procurar uma função em que possa contribuir individualmente, o que significa remuneração mais baixa e nenhum assistente, mas em compensação ele conseguiria preservar suas duas horas sagradas. "Na verdade, nenhum benefício compensa esse tempo perdido", ele disse. "Se a pessoa quer de fato assumir uma função que envolva equilibrar 1 milhão de coisas, deve ser honesta consigo mesma sobre o tipo de barganha que está disposta a fazer. Se a empresa chega para você e diz 'Vamos aumentar seu salário ou lhe dar um cargo melhor', mas isso significa perder o controle de seu tempo, pense duas vezes antes de aceitar."

Quem é o profissional Sobrecarregado?

Um dos principais motivos que levam as pessoas a procurar outro emprego é a sensação de sobrecarga. Elas ficam sem recursos para lidar com as demandas do dia a dia, seja por receberem mais atribuições do que podem assumir, seja por trocarem de tarefa com tanta frequência que raramente terminam o que começaram — ou as duas coisas. Para uns, ficar sobrecarregado é inerente à profissão. Médicos, sobretudo os que trabalham em pronto-socorro, muitas vezes se sentem assim. Para outros, não é consequência de suas tarefas, mas do modo como as realizam. Como ilustrou Jake, *o modo como* empregamos nosso tempo no trabalho é tão importante quanto *no que* estamos trabalhando. Interrupções no ritmo, como fechar um navegador para abrir outro ou interromper uma frase para conversar com um colega, podem ser tão contraproducentes quanto ir de reunião em reunião sem fazer uma pausa.

Mas essas interrupções prejudicam mais do que a produtividade. Podem fazer com que você comece a se distanciar psicologicamente de seu emprego e a se sentir amargo e amarrado. Ironicamente, muitas vezes o que mais amamos no trabalho é a primeira coisa a ser sacrificada quando nos sentimos sobrecarregados. Isso aconteceu com Jake, e com frequência acontece comigo, quando meu tempo dedicado à pesquisa é consumido por burocracias e reuniões. Quando não consigo trabalhar no que me interessa, fico de péssimo humor e minha identidade como professora começa a minguar. Aprendi a tomar algumas medidas para me proteger, pois não quero virar a profissional Em Crise de Identidade. Na terapia de relacionamento, esta é uma das primeiras lições que aprendemos: proteger o tempo na relação que é essencial para manter viva a intimidade. Em geral é a primeira coisa a ir por água abaixo quando ficamos estressados...

Se você se sente esgotado e sobrecarregado no emprego e precisa de algumas dicas sobre como organizar sua carga de trabalho, este capítulo é para você. Nem todo capítulo do livro se destina a todo mundo, mas este sim, mesmo que você não esteja considerando uma mudança na carreira. Grande parte da orientação que forneço não só o ajudará a encontrar um emprego em que as chances de se sentir sobrecarregado sejam menos prováveis, como também poderá ajudá-lo a ser mais produtivo e ficar menos estressado em seu emprego atual, caso decida permanecer nele. Talvez você descubra que, à medida que desenvolve suas aptidões de produtividade e deixa de assumir novas tarefas, volta a apreciar seu emprego e não tem mais pressa de largá-lo. Mas é imprescindível adquirir essas aptidões para que elas protejam os aspectos que o mantêm fortemente identificado com sua carreira, mesmo que você queira mudar de emprego, mas sem sair de sua área.

PRIMEIRA ETAPA: POR QUE ESTOU INFELIZ?

Na primeira etapa — descobrir a causa da insatisfação no trabalho —, me concentro em duas importantes questões: 1) estou assumindo responsabilidades demais no trabalho?; 2) sou interrompido com tanta frequência que tenho dificuldade em terminar alguma coisa? Essa etapa gira em torno dos aspectos práticos do trabalho, mas se, como Jake, você sente que está perdendo a identificação com o que faz, aconselho-o a monitorar se o trabalho que está deixando de realizar tem relação com sua identidade de carreira. Talvez se trate de uma hora por dia de planejamento estratégico, ou, no meu caso, pelo menos algumas horas de pesquisa por semana. Cada área tem suas peculiaridades, e é importante avaliar o quão significativo é o trabalho que está sendo prejudicado. Esse ponto é de especial importância para aqueles cujo emprego envolve equilibrar inúmeras tarefas. Pode ser que você não tenha muita consciência do tempo dispendido no *multitasking*, mas é preciso ficar alerta.

Ao responder essas questões, você também deve investigar se tem controle sobre seu trabalho e como o executa. Quanto a suas atribuições ou responsabilidades, por exemplo, você se voluntariou para assumir tarefas extras? Elas lhe foram delegadas? Com que frequência você é interrompido (um chefe que pede para ajudá-lo em alguma coisa)? Ou é você mesmo o responsável pelas interrupções (como ficar checando e-mails)?

Consideremos uma questão de cada vez.

Estou assumindo funções ou responsabilidades demais no trabalho?

Segundo o Fórum Econômico Mundial, 80% das pessoas assumem vários papéis no trabalho.[1] Como vimos no capítulo "Em Crise de Identidade", as responsabilidades extras engrossam a maior categoria de "Ninguém me contou que...". Às vezes, por julgar que teremos alguma vantagem futura, assumimos funções que não temos como cumprir.

Pedi a 201 pessoas que descrevessem seus papéis no trabalho, listando inclusive as coisas que fazem e pelas quais não são pagas. O número médio de funções desempenhadas foi um pouco acima de cinco, com 30% da amostra tendo mais de seis papéis, e 15%, dez. Então perguntei às pessoas se elas haviam sido "designadas para isso" ou "se voluntariado", ou seja, trabalhavam de graça. Finalmente, perguntei por que assumiram cada incumbência, com uma lista de verificação das opções. Você também pode fazer esse exercício. Enumere suas atribuições, diga se são parte do seu trabalho remunerado e, na lista abaixo, assinale por que ficou encarregado de cada uma delas.

Eis a lista:

- ❏ É o trabalho que fui contratado para fazer.
- ❏ Para ajudar um colega que está com seu trabalho atrasado.
- ❏ Porque outros não fazem seu trabalho e estou assumindo essa responsabilidade.
- ❏ Não tem nenhuma pessoa para fazer isso.
- ❏ Há outras pessoas capazes de fazê-lo, mas sou o mais indicado.
- ❏ Fui eleito para fazer isso em uma votação no trabalho.

> ❏ Ajuda minha reputação.
> ❏ Tenho a chance de me conectar com pessoas com quem não teria contato.
> ❏ É importante para o desenvolvimento de minha carreira.
> ❏ Proporciona-me oportunidades que de outro modo eu não teria.
> ❏ Impressiona a pessoa que me pediu para fazer isso.
> ❏ Impressiona a chefia.
> ❏ Não tive escolha, recebi ordens.
> ❏ Me sentiria culpado se recusasse.
> ❏ Fiquei preocupado em ser afastado ou demitido se recusasse.
> ❏ Fui informado de que essa responsabilidade é temporária.
> ❏ Todo mundo na empresa assume inúmeros papéis e responsabilidades.
> ❏ Só me pedem para fazer isso quando o responsável está ausente.
> ❏ Passaram-me essa incumbência quando a pessoa encarregada saiu da empresa.
> ❏ Faço isso porque dá significado para meu trabalho.

Os meus dados revelaram que mais de 25% das pessoas estão assumindo múltiplos papéis porque fazer isso é a norma na empresa e 59% das pessoas exerciam no mínimo uma função pela qual não eram remuneradas. A maioria se sobrecarrega porque é o que ocorre com todos a seu redor. Se esse é seu caso, pergunte a si mesmo: "Será que isso é inerente ao meu trabalho ou é algo exclusivo de minha empresa?".

Descobri também que, entre todas as funções assumidas pelas pessoas, 24% constituíam trabalho voluntário, ao qual dedicavam um tempo considerável; em média, as pessoas passavam cerca de 21 horas semanais fazendo o que lhes cabia (e eram remuneradas para tanto) e onze como voluntárias. Parece ser o caso também que assumir funções pagas leva ao trabalho voluntário: a probabilidade de fazer ao menos um trabalho voluntário aumentou 63% para cada função remunerada assumida por alguém!

A questão é: por que estão trabalhando tanto a troco de nada? As pessoas indicaram que frequentemente fazem um trabalho voluntário porque acham que sua visibilidade no emprego será maior; por volta de 32% delas acreditam que isso ajuda sua reputação no emprego, dá status.

Se você se encaixa nessa categoria, examine suas suposições. Nem todas as funções renderão a visibilidade de que você necessita. Na verdade, muitas fazem exatamente o contrário; elas o sugam e o afastam do trabalho que realmente importa. Se as pessoas estão lhe pedindo para assumir esses "papéis de visibilidade", reflita por quê. Recém-contratados ou pessoas que ignoram o currículo oculto costumam ser persuadidos a assumir trabalhos de "alta visibilidade", mas não de "alto status".[2] Em algumas áreas, como os recursos humanos, tal prática é a norma. A promessa de visibilidade e influência — a oportunidade de estabelecer uma rede de contatos com pessoas em diversas partes da empresa — é um canto de sereia que atrai muita gente. Contudo, assumir trabalhos associados à visibilidade — todo mundo sabe o que você está fazendo —, mas que não trazem respeito nem influência, é um dos maiores preditores de rotatividade no emprego.[3] Assim que as pessoas percebem que essa estratégia não as ajuda a galgar degraus, elas pedem as contas.

Se você assinalou diversos itens da lista relativos à visibilidade (itens 7, 8, 10, 11 e 12), talvez se enquadre na categoria de quem assume funções sobretudo por esse motivo. Nas etapas dois e três, ensinarei a testar se determinada função proporcionará a visibilidade de que você precisa para progredir. Sua rede de contatos pode lhe dizer se uma responsabilidade voluntária vai fazer com que o notem para o bem (vai demonstrar suas habilidades para os superiores) ou para o mal (aquela que carimba em sua testa um "sim, senhor" que o faz aceitar tudo, até trabalhos sem sentido).

Vou contar uma experiência pessoal. Recentemente, fui convidada a participar do comitê de promoção em uma universidade, cujos integrantes se veem às voltas com uma tonelada de trabalho. Quando perguntei aos colegas se valia a pena, muitos responderam afirmativamente, sem hesitar. Um deles me explicou o motivo: "Participar desse comitê é uma oportunidade para que os decanos fiquem a par das habilidades de raciocínio da pessoa, requisito essencial para promovê-la à função de presidente". A presidência é uma posição de poder, e participar do comitê parece proporcionar aos tomadores de decisão dados importantes para assegurar que a pessoa à qual estão designando tal função seja a mais indicada. Se a resposta tivesse sido "Parece um cargo superimportante, mas é um trabalhão e a alta gestão não quer saber quem o faz", eu teria desistido.

Mas há outras razões que movem as pessoas para um trabalho não remunerado.

Sou a única escolha lógica

Dois dos itens avaliam as razões da "escolha lógica" para assumir certa função. Cerca de 21% das pessoas achavam que não havia mais ninguém para fazer determinado trabalho voluntário e outras 15% achavam que "há outras, mas sou a mais indicada".

Se você assinalou um desses itens, pergunte a si mesmo duas coisas: 1) se você é *mesmo* a única pessoa para esse trabalho?; 2) em caso afirmativo, quais são as características estruturais do ambiente corporativo que permitem a sobrecarga de tarefas? É algo inerente à carreira ou apenas a essa função?

Na oficina de treinamento em liderança que realizo, um dos exercícios que proponho aos participantes envolve "situações complicadas no trabalho". Uma das reclamações mais comuns é que as pessoas se voluntariam para tarefas que não deveriam assumir porque acham que ninguém mais pode fazer. (Muitas vezes outros querem fazer o trabalho, mas o ansioso funcionário os convence do contrário.) Os líderes estão constantemente gerenciando essa forma de burnout autoinduzido. Pessoas que fazem isso esperam impressionar o chefe, mas, em alguns casos, elas são o chefe.

Muitos em meu estudo que responderam serem os únicos para a função também achavam que isso lhes dava visibilidade. Essas duas fontes de sobrecarga se sobrepõem. Se você não tem certeza de ser o mais indicado para determinado trabalho (voluntário), agende uma reunião de feedback com sua equipe ou seu chefe. Você pode começar com uma questão simples: "Recentemente me voluntariei para fazer [insira a incumbência aqui]. Você acha que esse trabalho deveria ser passado a alguma outra pessoa ou acha que sou o mais indicado para ele? Por quê?".

Não, sério, sou a única escolha lógica!

Há ocasiões em que de fato não há mais ninguém para fazer determinado serviço, e é natural que isso ocorra. Muitas vezes, porém, esses papéis "não opcionais" consomem o tempo que seria dedicado a tarefas significativas. Quando menos esperamos, estamos fazendo coisas que não consideramos importantes. Percebi que quando não tenho tempo para trabalhar em minha pesquisa, quase sempre é porque estou presidindo um processo de seleção de vagas ou chefiando algum comitê de tomada de decisão que um líder me pediu para assumir. E quase sempre faço essas coisas porque alguém me procurou dizendo que era a única escolha lógica.

A despeito de pesquisar esse assunto, sou tão suscetível quanto qualquer um de cometer os equívocos que aponto...

Em determinadas organizações, independentemente da área, é mais provável nos depararmos com esse problema, como empresas com hierarquia plana dotadas de uma mentalidade do tipo "todos a postos".[4] Por mais alto que seja seu posto na hierarquia, espera-se que você absorva a carga de trabalho dos outros quando a empresa enfrenta escassez de pessoal. Fique atento ao trabalhar para uma organização com um modelo como esse. Hierarquias se prestam a uma importante função; elas criam papéis claramente definidos e, dentro desses papéis, tarefas claramente definidas.

Compensando os "parasitas"

Dois dos itens avaliam as razões para abraçar um papel a fim de "compensar os parasitas". Em minha pesquisa, cerca de 16% das pessoas assumiram um papel voluntário para "ajudar um colega que está com seu trabalho atrasado" e 9% porque "outros não fizeram seu trabalho e estou assumindo essa responsabilidade". A pessoa acaba se voluntariando para assumir o que outros estão sendo pagos para fazer e não o fazem.

Fiquei surpresa que a maioria das pessoas que assinalaram essas opções atue em equipes em que existe um sistema que monitora o trabalho de todos. Em geral, o problema dos parasitas é mais comum em equipes que carecem desse sistema. Numa estranha distorção, as pessoas, pelo menos em meu estudo, estão compensando os parasitas porque acham que, embora não sejam remuneradas, ao menos receberão reconhecimento social. Imagine que Mark tenha concordado em entregar seu relatório até terça-feira, mas não o fez e deixou a batata quente na sua mão (ainda que ele seja pago para fazer o relatório). Você talvez pudesse se vangloriar para a equipe na reunião seguinte: "Adivinhem quem finalizou aquele relatório para o Mark? Eu!". Não recomendo essa estratégia. Raramente recebemos reconhecimento formal por assumir o trabalho atrasado dos parasitas, pelo menos não vindo da chefia.

Meu trabalho é tão interrompido que tenho dificuldade em terminar algumas coisas

Agora vamos examinar a causa seguinte que nos situa entre os Sobrecarregados: interrupções tão frequentes que nos impossibilitam terminar qualquer coisa. Eis alguns dados deprimentes.

Em média, um funcionário é interrompido no trabalho 86 vezes por dia.[5] Na verdade, passamos cerca de duas horas diárias no trabalho sendo interrompidos — um problema que custa à economia americana no mínimo 588 bilhões de dólares anuais.[6] Vivemos o momento mais repleto de distrações da história humana.

A boa notícia é que temos mais controle do que imaginamos sobre como e quando somos interrompidos. Algumas interrupções são externas: um colega tagarela que aparece para conversar ou um chefe que nos pede ajuda de última hora na preparação de uma reunião. Mas outras são internas: minimizamos um programa no computador e abrimos outro; paramos de escrever no meio da frase para responder a uma mensagem no celular.

Até que ponto esses diferentes tipos de interrupção são comuns? Perguntei aos 201 participantes de meu estudo: "Refletindo sobre seu dia, você deixou de concluir alguma tarefa da sua lista de afazeres?". Cerca de 38% das pessoas responderam afirmativamente. A seguir, pedi para enumerarem três tarefas que não haviam sido concluídas. Para cada uma, elas receberam uma lista com os eventuais motivos.

Eis a lista:

Estes seis motivos são interrupções *internas*:
- ❏ Minimizei o programa ou a aba em que estava trabalhando e abri outro programa ou aba para trabalhar em outra coisa.
- ❏ Parei para verificar e-mails de trabalho ou entrar no Slack (ou outra forma de comunicação no trabalho).
- ❏ Olhei minhas mídias sociais, incluindo Facebook, Twitter, LinkedIn, Instagram e outras plataformas.
- ❏ Resolvi me transferir para um novo espaço físico.
- ❏ Parei o trabalho para comer e tomar água.
- ❏ Levantei de minha mesa para fazer algo sem relação com o trabalho (por exemplo, sair para uma caminhada).

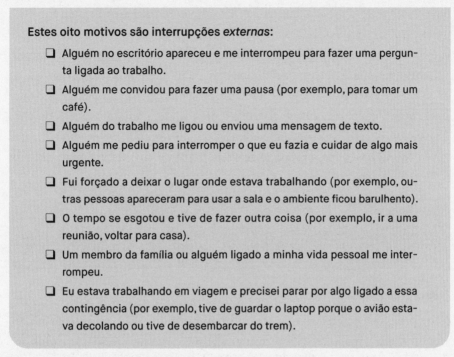

Quando estiver trabalhando, registre três tarefas que não terminou, e depois escreva a razão. Quantas dessas fontes de interrupção são internas e quantas são externas?

Segundo meus dados, entre as seis interrupções mais frequentes, quatro eram internas e duas, externas. A mais comum era verificar o e-mail ou entrar no Slack (três vezes por tarefa), seguida de minimizar um programa para trabalhar em outra coisa (2,5 vezes por tarefa).

Em geral, somos nós os culpados pelas interrupções. Você pode, por exemplo, estar incorrendo nessa autossabotagem — digamos que esteja esperando um e-mail importante do chefe e precisa responder imediatamente. Avaliar a pressão que você sofre para interromper seu trabalho é um passo importante. E se você não sofre nenhuma pressão externa, considere com que frequência interrompe seu trabalho devido a algum estressor. Por exemplo, a ansiedade de Jake com seu desempenho em uma apresentação o levou a violar suas próprias regras no trabalho. No meu caso, meu calcanhar de aquiles são os atrasos. O menor estresse — como olhar minha agenda e lembrar de algo que eu deveria ter feito duas semanas atrás — é suficiente para desviar meu foco enquanto eu não tirar a tarefa da frente. Minha estratégia funciona para controlar o estresse na hora, mas, ironicamente, pode levar a mais estresse no futuro.

Tenha em mente que todo mundo enfrenta momentos de fraqueza quando dá prioridade a algo que não deveria. Somos como o workaholic que sai para jantar com alguém mas fica disfarçadamente respondendo mensagens do chefe: na hora, isso reduz a ansiedade de não querer decepcionar o superior, mas talvez não valha a pena o prejuízo acarretado para um relacionamento íntimo.

As interrupções estão afetando minha capacidade de retomar as tarefas de onde parei?

Depois de ter detectado a origem de suas interrupções, o passo seguinte é compreender como isso está afetando seu trabalho. As interrupções não só afetam nossa capacidade de terminar alguma coisa no momento, como influenciam nossa capacidade de retomá-la do ponto onde paramos.

Conversei com a neurocientista Lila Davachi sobre os efeitos das interrupções em nossa capacidade de formar novas memórias.[7] No trabalho, formamos memórias episódicas de pequenas coisas, como os parágrafos escritos num documento ou as anotações feitas a respeito de um cliente. Mas com frequência nossa capacidade de formar memórias dessas tarefas fica prejudicada. Cerca de 41% das tarefas que interrompemos não são retomadas imediatamente, e quando isso acontece nosso cérebro tem dificuldade em criar um "episódio" do trabalho que realizamos.

Quais as implicações desse processo para casos crônicos de interrupção?

"*Qualquer* tipo de distração — checar e-mails, gente entrando para perguntar coisas — prejudica seu padrão interno de estabilidade e dificulta ainda mais a criação de memórias ricas e temporariamente integradas", a dra. Davachi me explicou.

Vamos supor que você esteja trabalhando num texto importante e passou as últimas três horas entrando e saindo do documento, verificando e-mails ou editando outro documento em outra janela no computador. Essas interrupções internas impactam não só sua capacidade de concluir a tarefa, como também de absorver o que escreveu (e de entender por que escreveu). Na próxima vez que abrir o documento, você provavelmente se pegará coçando a cabeça e pensando: "Por que foi mesmo que escrevi isso?".

O trabalho da dra. Davachi nos mostra que qualquer interrupção pode prejudicar nossa capacidade de formar memórias em um nível neural profundo. E, embora não pensemos que o modo sobrecarregado seja um problema de memória em si, ele é.

Jake compreendeu isso. O período matinal de duas horas era crucial para sua produtividade por vários motivos. Além de lhe permitir se concentrar no trabalho, era nesse momento que ele criava memórias ricas e integradas do que estava realizando. No dia seguinte, quando recomeçava, podia acessar facilmente essas memórias e voltar a se debruçar na tarefa.

Para compreender como as interrupções são prejudiciais para seu progresso, registre por escrito como é difícil retomar o trabalho

Aprendi com a dra. Davachi que não só é importante registrar a causa de nossas interrupções, mas como é difícil retomar uma tarefa. Comece anotando três coisas: em que momento você começou, as interrupções ocorridas durante a tarefa e se foi difícil retomá-la. Fiz uma tabela com minha experiência ao escrever este livro (durante um breve intervalo de tempo sozinha em um quarto de hotel).

Após documentar minhas interrupções por vários dias, notei um padrão. Penei para retomar um relatório quando havia várias interrupções (a maioria delas internas), ou se eu trabalhava no que estava escrevendo apenas uma vez por dia. A combinação de pequenas interrupções com uma demora entre um período de trabalho e outro tornou o progresso difícil.

Uma vez tendo compreendido esse padrão, melhorei a elaboração de minha rotina de trabalho. Se ocorriam muitas interrupções durante a manhã, eu fazia questão de passar no mínimo trinta minutos escrevendo ao final do dia para refrescar a memória.

Tarefa iniciada	Interrupções	Tarefa retomada
Hora: 8h às 10h da manhã **Contexto:** Sozinha em um quarto de hotel	**Internas (3):** Dei um telefonema às 8h45 Verifiquei e-mails às 9h15 Fiz café às 9h45 **Externas (0):** nenhuma	**Hora:** 15h (no mesmo dia) **Dificuldade:** Mínima; comecei de onde parei
Hora: 8h às 10h da manhã (dia seguinte) **Contexto:** Sozinha em um quarto de hotel	**Internas (2):** Verifiquei e-mails às 8h30 e às 10h **Externas (1):** O pessoal da limpeza chegou, fui para a academia às 9h45	**Hora:** 8h (dia seguinte) **Dificuldade:** Alta. Tive de reler a pesquisa da dra. Lila Davachi, que eu passara uma hora lendo no dia anterior.

SEGUNDA ETAPA: O QUE ESPERO DE MINHA FUTURA CARREIRA?

Ao final da primeira etapa, você começará a ter respostas para duas questões centrais que propus no início do capítulo: por que você está assumindo várias incumbências no trabalho (e quanto disso está a serviço da maior visibilidade) e qual é a causa de suas interrupções diárias. Também o incentivei a observar se as tarefas que está deixando atrasar são significativas, isto é, aquelas que dão um senso de identidade. Você pode pensar que, depois dos exercícios da primeira etapa, será possível resolver seus problemas reorganizando o modo como trabalha e assumindo o controle de suas interrupções internas (e das atribuições desnecessárias que assume). Porém, se você percebe que não controla nem as tarefas que lhe cabem, nem a natureza de suas interrupções no trabalho, ou ambas, é hora de passar à segunda etapa.

O primeiro passo da segunda etapa é dar prioridade às atribuições de modo que você saiba que trabalhos procurar na terceira etapa. A exemplo do profissional Em Crise de Identidade, os Sobrecarregados precisam fazer um exame de consciência para descobrir quais funções são centrais para sua identificação com a carreira e em qual delas deseja ancorar sua futura busca de emprego.

Classifique as funções que executa: da mais relevante para a sua carreira para a menos

No capítulo "Em Crise de Identidade", eu introduzi a ideia de centralidade e satisfação da identidade: a primeira capta em que medida a identidade é fundamental para você, e a segunda em que medida ela lhe traz alegria. Neste capítulo você pode examinar suas funções no trabalho de maneira similar: com quais delas você se identifica mais? Quais proporcionam maior satisfação? Assim como as perguntas sobre identidade, essas questões vão ao cerne de onde você se vê no futuro. Mas elas diferem num aspecto crucial, pois partem do pressuposto de que você tem uma identidade de carreira principal que espera manter; são as funções compreendidas sob o conceito abrangente dessa identidade que precisam de um ajuste fino.

Realizei esse exercício em meu estudo e 89% das pessoas classificaram suas atribuições segundo o grau de importância (o restante afirmou que eram todas igualmente importantes). A despeito de exercer muitas funções, temos algumas preferências.

Ao observar as funções das pessoas, descobri que elas se enquadravam sobretudo nestas três categorias: cotidianas, de mobilidade profissional e apaixonantes.

Imagine, por exemplo, que você tem uma forte identificação com a carreira de professor, mas sente-se sobrecarregado pelos três papéis que está equilibrando — o trabalho em sala de aula, a elaboração da grade curricular e a responsabilidade como representante da escola no sindicato de professores.

As funções cotidianas constituem o cerne de sua rotina de trabalho, são as que nos tomam mais tempo e mais nos estressam. O professor que privilegia o ensino em sala de aula se enquadra nessa categoria. Ele se preocupa com fatores que são justamente aqueles que mais vão consumir seu tempo: a proporção entre alunos e professores, os recursos de ensino (como equipamentos para a sala de aula) e a disponibilidade de assistentes durante as aulas. É para desempenhar as funções cotidianas que em geral somos contratados e são elas que vemos como centrais em nosso trabalho.

As funções de mobilidade profissional nos ajudam a ir além da posição que ocupamos no momento. Pessoas que as assumem pontuam alto na subescala de visibilidade. Um professor interessado na elaboração da grade curricular pode ter em vista um cargo de liderança no ensino, como a diretoria ou a superintendência. Trabalhar com gente de várias escolas, incluindo administradores, o põe em contato com as pessoas que o ajudarão a alcançar esse objetivo.

As funções apaixonantes com frequência têm uma relação tangencial com a função principal, como é o caso do professor que privilegia sua atuação como representante sindical. Essas funções dão sentido ao trabalho. Alguns as veem como "importantes para o desenvolvimento da carreira", mas essa é uma suposição a ser testada junto à rede de contatos: determinada função não vai influenciar o progresso de sua carreira só porque você acha isso. Se a maioria de suas funções preferidas é do tipo apaixonante, reflita se você não se enquadra na categoria do profissional Em Crise de Identidade. Se o que consome seu tempo não se alinha a sua remuneração nem contribui para a evolução de sua carreira, talvez seja hora de considerar uma mudança de rumo.

Que tal se organizar em termos de esferas de trabalho?

Todo trabalho compreende inúmeras funções e responsabilidades — atualmente, essa é uma realidade incontornável no ambiente de trabalho. Mas algumas têm mais sobreposição do que outras em termos do contexto em que são exercidas e do conhecimento tácito necessário para cumpri-las. Gerenciar múltiplos papéis é mais fácil quando podemos permanecer no âmbito do que os cientistas chamam de esferas de trabalho — categorias profissionais amplas que abrangem inúmeras funções e se organizam em torno de unidades de trabalho de alto nível. Projetos grandes, como uma apresentação de vendas para um cliente, ou, no meu caso, a elaboração de uma pesquisa ou proposta de livro, seriam considerados esferas de trabalho. A pesquisa para o capítulo "Sobrecarregados" seria uma unidade de trabalho de alto nível, por exemplo. Gloria Mark e seus colegas estudaram o comportamento de quem equilibrava diversas funções em uma empresa que terceirizava serviços.[8] Após observar as atividades diárias dos funcionários por mais de setecentas horas, os autores descobriram que os funcionários mais produtivos não se furtavam totalmente ao *multitasking*, mas, quando trocavam de tarefa, era quase sempre *dentro de uma mesma* esfera de trabalho. Por exemplo, se hoje estou trabalhando em escrever meu livro (uma esfera) e quero trocar de tarefa, devo passar da análise de dados relacionados a esse livro para a escrita do texto de um capítulo.

O que não devo fazer é trocar de tarefas entre duas esferas de trabalho, mesmo que a tarefa pareça similar — como deixar de escrever o texto para meu livro para escrever o texto para um jornal. É um pouco contraintuitivo. Os autores também descobriram que pessoas capazes de equilibrar muitas demandas exerciam funções que cortavam transversalmente diferentes esferas de trabalho. No meu caso, o papel de escritora é relevante para a esfera de escrever um livro e para a esfera de realizar pesquisa. Se tivesse de partir do zero, usando um novo conjunto de habilidades ou conhecimento toda vez que começasse a escrever em uma nova esfera, estaria em apuros. Escolhi uma carreira com muita sobreposição de funções.

Para organizar sua vida profissional em termos de esferas de trabalho, tente esta estratégia. No início do dia, anote em quais esferas pretende trabalhar. No meu caso, hoje vou trabalhar no meu livro (esfera um), dar aulas na faculdade (esfera dois) e participar do comitê de contratações (esfera três). Depois, enumere por escrito as tarefas que você precisa executar em cada esfera. Não seja ambicioso demais — o objetivo é finalizar o trabalho dentro dessa esfera nesse dia, e não interromper o que você está fazendo quando perceber que o tempo se esgotou e que você precisa passar a trabalhar em outra esfera. No meu caso, isso significa editar um capítulo, ler o trabalho de três alunos e avaliar dez candidatos a emprego. Tarefas extras que não se encaixam em uma esfera, como reuniões e e-mails, devem ser realizadas quando completamos o trabalho dentro de uma esfera. Pense nessas coisas como pausas de uma esfera para outra.

Rede de contatos baseada em suas funções prioritárias

Ensinei como ser produtivo e equilibrar inúmeras funções, mas, em última análise, se você não está feliz com seu emprego e quer procurar outro, eis como deve proceder ao networking para garantir que seu novo emprego não tenha os mesmos problemas do atual.

Na segunda etapa, crie uma rede de contatos com pessoas que possam ajudá-lo a obter clareza de como é a rotina de quem exerce a função na qual você está mais interessado, e também a desvendar questões adicionais relativas à sobreposição de papéis que mostrarei adiante. Mas, antes de mais nada, com quem fazer a rede de contatos?

Como vimos no capítulo "Em Crise de Identidade", a maioria de nossos contatos é com pessoas da mesma área que nós. Trata-se de uma boa notícia, pois é interessante fazer networking com gente de seu setor. Descubra primeiro em quais organizações está interessado e depois quem trabalha na função que considera ideal, como recomendo aos Distanciados na segunda etapa daquele capítulo. Você também pode estabelecer sua rede de contatos com pessoas nessa função em diferentes organizações para diminuir a quantidade de informação sobreposta que recebe. As normas se dão geralmente no nível da organização e da equipe, especialmente as relativas à sobreposição de informação; assim, fazer um networking amplo por diversas organizações pode ajudá-lo a identificar as normas que se estendem ao setor e aquelas específicas da empresa.

Seu principal objetivo deve ser identificar pessoas em sua área com a função que figura no topo da sua lista. Você continuará a fazer o ajuste fino à medida que avançar pelo processo, mas, nesse estágio, deve saber qual função mais o interessa.

Por quê?

O maior equívoco dos Sobrecarregados é não concentrar a busca profissional em uma única função desde o início. É parecido com o profissional Em Crise de Identidade, que tem pouca certeza sobre o que quer — ele sabe em termos gerais o que gostaria de fazer, mas não tem clareza de aonde está indo nem por quê. Sem prioridades claras e limites em torno dessas prioridades, você está preparando o terreno para ser um Sobrecarregado em seu próximo emprego.

Perguntas a fazer durante essas conversas

QUANTA SOBREPOSIÇÃO DE FUNÇÕES HÁ NO TRABALHO QUE VOCÊ FAZ?

Se você assume inúmeros papéis, as habilidades exigidas para cada um deles deveriam se sobrepor. Pergunte às pessoas se elas veem conexões entre o trabalho exigido para múltiplas funções. Por exemplo: "Percebo que você assumiu duas funções principais — administrar o programa de estágio e supervisionar uma equipe —, e você mencionou que oferece feedback semanalmente para ambos. Você utiliza a mesma estrutura de feedback ou precisa preparar uma para os estagiários e algo completamente diferente para sua equipe?". Se entrevistasse a mim mesma, perguntaria: "Vejo que você escreve bastante. As habilidades necessárias para escrever um livro de negócios são diferentes daquelas necessárias para escrever artigos acadêmicos?".

À medida que avança por esse processo, você decerto vai descobrir algumas funções ocultas que são parte do trabalho, mas sobre as quais nunca ouviu falar. É imprescindível identificar logo de cara essas funções "não divulgadas", assim você pode fazer perguntas específicas sobre elas na terceira etapa.

ATÉ QUE PONTO VOCÊ TEM VOZ ATIVA SOBRE SUAS ESFERAS DE TRABALHO?

Recomendo que planeje seu dia em termos de esferas de trabalho, mas nem todo emprego permite flexibilidade. Exemplifique para as pessoas como seriam diferentes esferas de trabalho (lembrando que isso é um jargão, então você precisará explicar), e a seguir pergunte: "É realista ser capaz de planejar meu dia dessa forma?". Em ambientes de trabalho muito acelerados, onde não somos donos do nosso tempo, a resposta provavelmente será não. E mesmo que seja sim, lembre-se de que sempre haverá momentos em que precisamos dar preferência a uma esfera em detrimento de outra. Quando se aproxima o prazo final para entregar um livro, essa é a única esfera em que permaneço, às vezes por semanas a fio. Interrupções externas constantes dificultam a permanência numa única esfera. Durante as conversas, preste bastante atenção em quais esferas de trabalho são mais importantes para você — aquelas que influenciam sua identidade e seu senso de propósito.

CATEGORIZEI CORRETAMENTE AS FUNÇÕES DE ACORDO COM OS TRÊS TIPOS?

Finalmente, teste se sua compreensão do significado das funções — se são cotidianas, de mobilidade profissional ou apaixonantes — corresponde à experiência real das pessoas. Trabalhei com muitas pessoas que achavam que funções apaixonantes seriam mais respeitadas por gente em sua área do que na realidade são. Uma delas me procurou com um currículo mostrando grande experiência em trabalhar com educação, em especial com crianças carentes.

Ela havia passado meses ajudando jovens a pesquisar sobre carreiras em Stem. O problema era que queria lecionar em uma faculdade de artes liberais. Embora tivesse alguma experiência como professora, isso não era suficiente para torná-la competitiva no trabalho, então ninguém mostrava interesse. Expliquei que sua função apaixonante não a ajudava a se destacar no mercado de trabalho, fazia-a parecer uma profissional Em Crise de Identidade. Ela acabou trabalhando para uma organização sem fins lucrativos, ocupação bem mais adequada a ela.

Colete dados abrangentes pedindo a várias pessoas para categorizar as funções que detêm em três campos. É importante haver coerência entre as organizações acerca de como as funções são rotuladas, já que cada empresa tem normas específicas sobre até que ponto determinadas funções são importantes para a evolução na carreira.

TERCEIRA ETAPA: APURANDO OS FATOS PARA VERIFICAR SE O TRABALHO É O IDEAL PARA MIM

Ao terminar a segunda etapa, você saberá como a função principal que almeja se configura "no mundo natural" — e descobrirá as demais funções que a acompanham e como se sobrepõem. Na terceira etapa, o objetivo é ir um pouco mais fundo para entender quais outros elementos do ambiente de trabalho serão determinantes para seu sucesso ou fracasso em desempenhar múltiplas funções. Eventuais características do espaço, como um escritório sem divisórias ou funcionários distribuídos pelo mesmo andar ou em andares diferentes, impactam nossa capacidade de permanecer no âmbito da mesma esfera de trabalho. Normas culturais, como a possibilidade de deixar "espaços vagos" na agenda, influenciam nossa capacidade de concentração.

Para o profissional Sobrecarregado, a terceira etapa exige que ele aja como um antropólogo — que aprenda a ler o ambiente de trabalho à procura de indícios sobre como as pessoas equilibram suas funções e administram as interrupções. E o melhor lugar para começar é o escritório físico.

Em que medida o layout do escritório influencia as interrupções, e como você retoma o trabalho?

Podemos aprender muito sobre a cultura do ambiente de trabalho observando as pessoas em seu habitat natural, mesmo que seja por pouco tempo. Entender se os funcionários almoçam na mesa ou se fazem uma pausa para comer e observar a distância entre a mesa dos gestores e as dos subordinados dão dicas sobre as normas e rotinas.

Mas, entre todos os profissionais que aspiram a uma nova carreira, o Sobrecarregado é aquele que mais se beneficia da observação do ambiente. O layout do escritório oferece pistas para perguntas como "Qual a probabilidade de eu ser interrompido?" e "Qual é meu grau de dificuldade em permanecer dentro de uma esfera de trabalho?". São questões importantes a fazer numa entrevista. Mas apenas as respostas não fornecerão os dados necessários para você tomar uma decisão informada. É preciso ver o ambiente por si mesmo.

Para ilustrar, retomo o estudo de Gloria Mark, que mostrou que os funcionários mais eficientes se organizavam em termos de esferas de trabalho — unidades de trabalho de alto nível que incluem múltiplas tarefas, frequentemente na intersecção de diferentes funções.

Acontece que a maioria deles enfrentou dificuldades para permanecer em suas esferas. Na verdade, houve interrupção ao menos uma vez para 57%, quando se distraíram com alguma coisa sem relação com o que faziam no momento. Esferas de trabalho consideradas centrais em sua profissão foram interrompidas 83% das vezes! Em média, as pessoas eram interrompidas a cada onze minutos e quatro segundos.

A proximidade com os demais membros da equipe oferece uma pista do motivo. Os pesquisadores compararam funcionários em espaços contíguos (trabalhando em uma baia com pelo menos um colega na baia adjacente) a funcionários regularmente distribuídos (separados dos colegas ou porque ocupam uma sala fechada, ou porque trabalham do outro lado da sala ou em outro prédio). Eles descobriram que pessoas que trabalham juntas passam mais tempo numa esfera de trabalho do que aquelas que estão distribuídas pelo ambiente, mas ao mesmo tempo têm mais chance de serem interrompidas. O que explica esse padrão de resultados aparentemente contraditório?

As interrupções ocorrem pelos mais diversos motivos, e, ainda que pessoas próximas fisicamente se interrompam com mais frequência (é fácil falar com alguém ao seu lado), isso é feito de forma mais estratégica. Os funcionários em baias escutavam o que os colegas ao lado estavam fazendo e só os interrompiam em momentos oportunos, quando o trabalho estava mais tranquilo. Pessoas mais distantes entre si interrompiam as demais quando era mais conveniente para elas.

Na entrevista, peça para ver o layout do escritório e, mais importante, onde você vai trabalhar. Se o seu trabalho for híbrido, pergunte quando os outros estarão no escritório e onde ficam suas mesas. E se trabalha em um esquema de *hoteling* — em que o escritório muda diariamente —, descubra quanto controle tem sobre quem trabalha perto e se pode contar sempre com a mesma disposição. Você precisa ser capaz de predizer seu ambiente físico em seus dias presenciais para conseguir planejar um "cronograma de interrupções" com seus colegas. Interrupções são inevitáveis, mas ter controle sobre elas é importante para a memorização do trabalho, de modo que mais tarde você possa retomar as coisas do ponto onde parou.

Podemos deixar dicas úteis no espaço de trabalho?

Uma tendência chamada *hot desking* tomou conta do mundo do trabalho híbrido — as pessoas reservam um espaço ou uma sala para a equipe nos dias presenciais. O *hoteling* é similar. Os dias do espaço de trabalho permanente estão chegando ao fim.

Mas espaços fixos de trabalho são importantes, eles nos dão a oportunidade de acrescentar nosso toque pessoal, como criar pequenos hábitos que nos ajudam a relembrar onde paramos. Segundo Victor M. Gonzalez e Gloria Mark, profissionais que lidam com informação (administradores, gerentes, analistas financeiros, consultores e contadores), que em média atuavam em dez esferas de trabalho por dia, dependiam desses hábitos para voltar à esfera de trabalho após as interrupções.[9] Algumas pessoas organizavam suas esferas de trabalho em pastas que deixavam sobre a mesa. Outras imprimiam e empilhavam os e-mails relacionados a uma mesma esfera. Lembretes com post-it também eram comuns, com listas de verificação para registrar o progresso, codificados por cores de acordo com a esfera de trabalho. Alguém teve a grande sacada de criar uma subpasta de e-mail intitulada "Z assuntos que exigem atenção imediata", assim ela sempre aparecia ao final de sua caixa de entrada organizada alfabeticamente.

Tais truques podem ajudá-lo a retomar o trabalho quando as interrupções envolvem as ferramentas que usa — você para de escrever um e-mail para conversar com alguém ou está anotando algo à mão e passa a digitar no laptop. Ao trocarmos de meio, por assim dizer, as pistas naturais em que nos baseamos, qual um cursor piscando ao final de uma sentença, desaparecem. Esses lembretes extras, como uma lista de prioridades escrita à mão e codificada por cores, facilita a retomada do trabalho.

Pense nesses truques como uma trilha de migalhas de pão que nos ajuda a encontrar o caminho de volta quando somos interrompidos. E não são importantes apenas para voltarmos ao trabalho imediatamente após uma interrupção, mas também para o "metatrabalho" — o tempo gasto em organizar nossas esferas de trabalho. A maioria das pessoas passa algum tempo ao final do dia arrumando sua mesa, gerenciando subpastas de e-mail e verificando as tarefas pendentes com os membros da equipe. Suas pilhas de e-mails e os gráficos no quadro-branco ajudam a organizar esse metatrabalho.

Trabalhadores remotos podem estar pensando: "Como isso se aplica a mim? Não tenho um sistema de *hot desking* nem um lugar bacana onde possa trabalhar diariamente". Pode ser que seja esse o seu caso. Muitos trabalhadores remotos não dispõem de um espaço fixo de trabalho ou um escritório em casa — a pessoa trabalha na cozinha, no quarto ou em qualquer lugar que seja silencioso. Hoje em dia pensamos em nosso ambiente doméstico como flexível — a mesa da cozinha pode ser o lugar onde cortamos legumes, brincamos com os filhos ou escrevemos um relatório. Se você trabalha em vários lugares (ou seu espaço de trabalho se transforma na mesa de jantar às seis), procure se valer desses truques de forma sistemática e sustentável. E isso provavelmente significa deixar seus post-its onde estão por vários dias seguidos. Esses lembretes funcionam apenas quando usados constantemente, não ao sabor do momento.

O layout do escritório lhe permite passar facilmente de uma função a outra?

Se você precisa equilibrar diversas funções, também deve procurar no ambiente os sinais de que terá flexibilidade para alternar uma e outra. Algumas funções são tão distintas que é preciso trabalhar em diferentes prédios, a depender do dia (ou até da hora). No mundo acadêmico, o chefe de departamento possui uma sala para quando estiver atuando em seu papel administrativo, ainda que prefira sua sala no laboratório. Já decanos e reitores trabalham em um prédio à parte. É frequente sentirem-se isolados dos demais em seus departamentos acadêmicos, gerando um distanciamento tanto psicológico como prático. Pessoas que trabalham em locais variados — visitando diferentes cidades ou mesmo países — sabem do que estou falando.

Para compreender como nosso espaço influencia nossa capacidade de transitar de forma flexível entre funções, conversei com Charlotte Priddle, diretora de coleções especiais em uma biblioteca universitária. Eu a conheci durante uma visita, quando ela me mostrou a obra *20 Slices of American Cheese* [Vinte fatias de queijo americano], de Ben Denzer, um livro feito de fatias de queijo embaladas.[10] (Mais tarde descobri que, entre suas inúmeras funções, a mais inusitada era, de longe, aprovar a compra de fatias de queijo para manter o livro "fresco".)

Charlotte é bibliotecária, gerente de equipe, recrutadora, curadora e arrecadadora de fundos. Algumas dessas funções exigem concentração profunda (como o planejamento estratégico); outras envolvem a rotina diária, como preparar pedidos de compra para as fatias de queijo e fazer a curadoria das coleções de gravuras.

Quando perguntei como administra todas essas funções — muitas das quais alterna de hora em hora —, ela mencionou imediatamente a importância de seu espaço de trabalho. Antes de seu cargo ser criado, ela trabalhava em um ambiente compartimentado, onde os arquivos da universidade ficavam separados entre si. Havia arquivos para "cena artística do centro", "punk rock feminino", "tabuletas de escrita cuneiforme", "manuscritos modernos". "Ficavam todos em andares diferentes e tinham equipes diferentes. As regras e os regulamentos eram diferentes. Cada um tinha sua própria comunidade", ela me disse.

Mas para que esses diferentes arquivos pudessem ser supervisionados, era imperativo que todos ficassem sob um mesmo teto. A biblioteca passou por uma grande reforma e no novo espaço foi possível manter todas as coleções especiais num só lugar. Para Charlotte, uma distância funcional — a capacidade de se mover entre salas de exposição e escritórios num único andar — não só reduzia o tempo de deslocamento entre uma função e outra (esperar o elevador é um desperdício oculto de tempo), como também ajudava a cristalizar a identidade de sua equipe. Todos estavam no mesmo barco e dedicados à mesma coisa. Podiam se ver — a biblioteca fica atrás de paredes de vidro — trabalhando por um objetivo comum.

Houve um benefício extra no novo espaço compartilhado que Charlotte não previa: ele ajudou as pessoas a aceitar mudanças na hierarquia. Quando foi promovida, Charlotte não virou apenas chefe de alguns colegas, virou chefe da sua chefe. "O fato de que *tudo* mudou facilitou", ela me disse. Além de ela não precisar herdar a sala da antiga chefe, as conversas de corredor frequentes e espontâneas ajudaram todo mundo a assimilar a mudança.

"Preciso ser um cisne aqui?"

Charlotte também me ensinou a importância de aprender normas sobre a comunicação entre pessoas que estão equilibrando múltiplas funções. Uma das questões mais importantes que ela sugere que perguntemos aos atuais funcionários e recrutadores antes de aceitarmos um emprego é: "Preciso ser um cisne aqui?".

Deixe-me explicar.

Em determinados ambientes de trabalho, a agitação é vista com normalidade. Se numa visita a um escritório você observar as pessoas correndo de um lado para o outro, com o cabelo desfeito e manchas de café na roupa, é porque ninguém procura camuflar que equilibra múltiplas coisas ao mesmo tempo. A redação de um grande jornal é assim, bem como o pronto-socorro de um hospital.

E há locais de trabalho onde a norma é todo mundo aparentemente calmo e composto. Sob a superfície desse lago plácido, porém, as pessoas talvez estejam batendo os pés freneticamente para não afundar — daí a analogia do cisne. Os funcionários podem estar sobrecarregados, ao olhar para suas salas organizadas e suas roupas bem passadas a gente não percebe. Pode haver boas razões para manter as aparências. Se o trabalho envolve lidar com clientes, por exemplo, ninguém vai querer parecer tenso e ofegante. É como dar um trato na casa para vendê-la. Tudo está no lugar quando um potencial comprador aparece, embora uma hora antes houvesse uma pilha de louça suja sobre a pia da cozinha e um monte de roupas para lavar espalhadas pelo chão.

Nem toda cultura de cisne deve ser evitada, mas cuidado com aquelas em que ser um cisne significa ocultar um bocado do trabalho necessário para desempenhar com sucesso várias funções concomitantes. Culturas em que as pessoas fingem, até mesmo umas para as outras, que estão numa missão pelo bem-estar e equilíbrio da empresa, ainda que trabalhem até a meia-noite para concluir todas as tarefas ocultas que não foram divulgadas no processo da entrevista. Culturas em que os chefes e seus subordinados são impedidos de falar abertamente sobre erros de planejamento e sobre quem tem tempo de cuidar disso. Queremos um líder capaz de dizer "Cometerei alguns equívocos nessa função, mas por favor me procurem quando isso acontecer". E que as pessoas façam exatamente isso.

Existe uma cultura de respeitar um "não" aqui?

Quando Charlotte descobriu que teria de equilibrar múltiplas funções, uma das primeiras coisas que fez foi se reunir com sua equipe para ter uma conversa direta sobre as diferentes maneiras pelas quais inevitavelmente ela lhes diria "não".

As recusas de Charlotte recaem em três categorias: 1) "Não posso fazer isso no momento porque preciso cuidar de X, Y, Z"; 2) "Parece uma ótima ideia, mas não temos verba para isso"; 3) "Não posso explicar o motivo, pois há algumas informações que não podem ser compartilhadas". Sempre que rejeitava algo, ela respaldava o que dizia com alguma explicação dessas, para ninguém ficar no escuro. (Eu acrescentaria uma quarta categoria a suas negativas: "Não tenho disponibilidade".)

O motivo para suas recusas serem acatadas é porque existe uma cultura de respeito no lugar onde trabalha. Ninguém consegue o que quer sendo insistente, passando por cima de Charlotte ou esgotando sua paciência. As pessoas escutam quando ela diz "não".

Pode parecer esquisito perguntar durante a entrevista: "Vão me dar ouvidos quando eu disser 'não'?". Pois então, em vez disso, pergunte se os funcionários respeitam os limites impostos e as decisões tomadas pelos superiores, e se contam com maneiras alternativas de obter o que querem quando o chefe ou supervisor diz "não". Em certas organizações, a hierarquia baseada nas atribuições de cada um é pouco respeitada; tudo gira em torno de quem você conhece e de seu tempo de serviço ali. Em uma cultura assim, pessoas bem conectadas (ou implicantes) não aceitam "não" como resposta. À medida que os métodos alternativos delas para conseguir o que querem forem mais efetivos, ficará bem difícil para você manter controle do malabarismo diário do trabalho. E, como mencionei, muitos empregos vêm com funções ocultas sobre as quais só ficamos sabendo depois que começamos a trabalhar. É provável que você tenha de equilibrar mais coisas do que previa. Será preciso impor uma atitude de respeito ao "não" se espera ser bem-sucedido ao incorporar essas funções a sua rotina de trabalho.

QUARTA ETAPA: CONSEGUINDO O EMPREGO

Grande parte do que o Sobrecarregado necessita para conseguir um emprego é similar ao que aquele Em Crise de Identidade precisa: comunicar claramente sua identidade no ambiente de trabalho, deixando claro onde espera chegar na função que privilegiou durante sua busca. Sugiro ler a seção intitulada "Comunique que você tem clareza de sua identidade de carreira", na quarta etapa de "Em Crise de Identidade", caso ainda não tenha lido o capítulo.

Além desse passo, você precisará comunicar claramente *como* planeja administrar os múltiplos papéis e como fez isso no passado. E o primeiro lugar para fazer isso é em sua carta de apresentação e no currículo.

Explique datas de emprego sobrepostas em seu currículo e carta de apresentação

Uma das primeiras coisas a se prestar bastante atenção no currículo é a seção dos empregos. Perguntei a inúmeros recrutadores e gerentes de contratação o que eles consideram um indicador de que alguém pode estar "assumindo coisas demais ao mesmo tempo" ou "ficando atarefado", e suas respostas mostraram quase um consenso: o excesso de tarefas ou funções sobrepostas no momento em que a pessoa as realizava. Se há três ocupações que se sobrepuseram entre junho e setembro de 2022, esse é um sinal de alerta. A mesma coisa vale para os trabalhos atuais que afirmam "de _____ até o presente".

Muita gente acha que ter três ocupações simultâneas pode impressionar, mas na verdade fica parecendo que a pessoa arrumou alguns bicos quando tinha um emprego fixo ou não sabe o que quer da vida, ou as duas coisas.

A melhor forma de lidar com esse problema de várias funções concomitantes não é eliminá-las do currículo, mas explicá-las. A maioria das pessoas que me procuram com um currículo do tipo "tudo ao mesmo tempo" tem justificativas perfeitamente razoáveis para isso: determinado trabalho era secundário e envolvia apenas uma reunião por mês (mas parecia superimportante); em outro caso, era uma função apaixonante que podia ser reformulada como habilidades ou interesses. Muitas vezes há grande sobreposição ou integração de funções, mas falamos delas como se fossem independentes para dar a entender que temos uma lista ainda mais longa de habilidades e realizações.

Ao elaborar seu currículo, abrace suas múltiplas funções de modo a permitir que elas dialoguem entre si. Se a primeira envolvia "trabalhar com uma equipe de doze pessoas para aumentar os lucros em 40%" e a segunda implicava trabalhar com a mesma equipe de doze pessoas para desenvolver um programa de liderança, explique: "Trabalhei com a mesma equipe de doze pessoas para criar um programa de liderança". Integrar suas funções é uma habilidade e os gerentes de contratação gostam de ver como você sabe identificar a sobreposição entre os vários trabalhos que faz.

Se arrumou frilas quando estava empregado, explicite a natureza desses trabalhos. Inúmeras pesquisas mostram que até funcionários em período integral procuram obter uma renda extra (às vezes em pleno expediente, a despeito de ser proibido). Os empregadores ficam apreensivos de contratar pessoas assim. Se você trabalhou para duas empresas ao mesmo tempo, esclareça a natureza desses empregos simultâneos. Não dê margem a interpretações para quem vai ler seu currículo.

E, já que estamos nisso, garanta que a página de seu perfil no LinkedIn corresponda a seu currículo — mesmos títulos de cargo, mesmas datas, mesmas descrições básicas do trabalho. Muitos profissionais são reprovados na primeira fase da contratação porque as informações não batem; eles adaptam sua experiência no currículo para coincidir com a descrição de uma vaga de emprego (por exemplo, fundindo duas funções em uma), mas não o fazem no LinkedIn. Nos primeiros estágios da seleção de candidatos, os recrutadores normalmente não procuram confirmar os empregos anteriores com seus antigos patrões, mas esperam consistência na forma como você apresenta seu histórico profissional. Mentir em currículos é comum no que toca à experiência e à formação, e esse é um modo simples de atrair desconfiança.

Comunique seu plano de equilibrar múltiplas funções

Acima, mostrei como equilibrar múltiplas funções, de adotar uma estratégia para suas interrupções a privilegiar uma função para orientar sua procura de emprego. Ao longo do processo de entrevista, informe suas prioridades. "Diga-me como planeja equilibrar múltiplas funções" é uma pergunta comum, sobre a qual muitos postulantes a emprego não pensaram estrategicamente.

Há algumas habilidades que você pode enumerar para responder a essa pergunta. Primeiro, fale como planeja comunicar os limites e as prioridades. Lembre-se da conversa que Charlotte teve com sua equipe, quando apresentou suas três recusas às pessoas que a procuraram com um pedido. Se você ocupa uma posição de liderança, essas conversas francas ajudam a evitar que passe por ser um chefe negligente. Dizer sim a tudo é insustentável e os gerentes de contratação vão querer saber como você evitará essa armadilha, a começar por seu plano para se comunicar. Mencione como planeja estimular uma cultura de feedback frequente, de modo que, quando cometer algum equívoco, as pessoas fiquem à vontade para lhe dizer.

Segundo, comunique seu plano para reduzir o impacto das interrupções em seu trabalho. Todas as habilidades citadas — de registrar por escrito suas interrupções diárias a desenvolver um planejamento no escritório que reduza as interrupções externas de sua equipe — podem ser ensinadas às pessoas. Se você está interessado em criar uma cultura avessa ao assoberbamento, melhor ainda. Gerentes de contratação adoram candidatos que não pensem apenas em si mesmos e em suas próprias conquistas.

Terceiro, mostre como você planeja dar prioridade aos trabalhos à medida que surgem. Charlotte pega no batente diariamente com uma tabela dois por dois: em um eixo está a urgência, no outro, a importância. Ela divide os trabalhos em quatro quadrantes com base na urgência (alta ou baixa) e na importância (alta ou baixa). Trabalhos de alta urgência mas baixa importância são realizados entre esferas de trabalho — coisas como comprar fatias para o livro de queijo. Trabalhos de alta importância e baixa urgência, que muitas vezes envolvem um raciocínio profundo (como planejamento estratégico sobre captação de recursos), são realizados quando ela dispõe de intervalos de tempo sem interrupções. Essas são as esferas de trabalho mais importantes para manter a identidade, assim ela as protege. Vale ressaltar que Charlotte não tenta juntar esses trabalhos ao longo do dia. Comunique que você sabe como construir estruturas desse tipo durante a jornada de trabalho, exemplificando como foram implementadas com sucesso.

Esteja preparado para responder à pergunta: "Se você assumir essa função, do que planeja abrir mão?"

A maioria de nós chega para uma entrevista pronto para dizer sim a tudo. Mas demonstrar que você tem limites e que pensou cuidadosamente sobre aquilo de que precisará desistir caso assuma determinada nova incumbência denota uma conscientização bem-vista entre os gerentes de contratação.

Isso é algo que você já deveria ter se perguntado, se está em posição de assumir outra função. Refletir sobre coisas consideradas importantes das quais teremos de abrir mão é um primeiro passo. Muitas vezes as funções apaixonantes são as primeiras a serem sacrificadas. Mas também é importante mostrar que você pensou cuidadosamente sobre a transição de uma função para outra, incluindo o custo de alternar as esferas de trabalho. Se, por exemplo, uma de suas funções exige que você trabalhe em um escritório diferente dos colegas (como o reitor que mencionei anteriormente), qual será o custo de transitar entre um trabalho e outro? Se você deixou seus lembretes, como post-its ou recados na parede, perto do computador em um escritório para ajudá-lo a retomar o trabalho de onde parou, como pretende transferi-los para outro lugar?

Abri o capítulo com Jake, o analista que recebeu um monte de novas responsabilidades junto com as antigas quando herdou as atribuições de seu chefe. A primeira pergunta que ele deveria ter feito a seu chefe era: "Que funções ou trabalhos você gostaria que eu deixasse de lado, agora que estou assumindo essas novas tarefas?". Jake não estava pronto para abrir mão de suas duas horas diárias de trabalho focado, porém em essência foi isso que lhe pediram para fazer. Ter uma conversa franca sobre os prejuízos com seu chefe antes da promoção teria poupado a ambos um bocado de problemas.

LIÇÕES DE CARREIRA

PRIMEIRA ETAPA:

- Concentre-se em responder a duas questões importantes: Estou assumindo funções demais no trabalho? Sou interrompido com tanta frequência que estou encontrando dificuldade para concluir as coisas?
- Se estiver assumindo funções em excesso, avalie seu controle sobre abraçar novas funções, e quantas elas são.

SEGUNDA ETAPA:

- Dê prioridade às tarefas que mais aprecia, de modo a conseguir vincular as conversas com sua rede de contatos à função mais ligada à sua identidade de carreira.
- Aprenda a se organizar em termos de esferas de trabalho — categorias amplas abrangendo múltiplas funções.

TERCEIRA ETAPA:

- Descubra as características físicas do ambiente corporativo capazes de ajudá-lo ou prejudicá-lo em sua tentativa de equilibrar múltiplas funções.
- Durante uma entrevista, faça perguntas para sondar o grau de autonomia que você terá na programação de seu trabalho — inclusive se você pode permanecer circunscrito a uma mesma esfera de trabalho.

QUARTA ETAPA:

- Mostre que você tem uma identidade clara no trabalho, vinculada a uma função principal.

- Durante a entrevista, comunique seus planos de executar essas habilidades em seu novo emprego usando suas novas competências (por exemplo, como você planeja criar sobreposição de funções e reduzir as interrupções no trabalho).

4. Os Segundos Colocados
Por mais que tente, não consigo chegar ao próximo nível

Já se passaram cerca de seis meses desde que a promoção a diretor de Sebastian foi recusada e ele continua espumando de raiva. "Trabalhei por dois anos como gerente-sênior — o cargo abaixo daquele — e fiz um ótimo trabalho", ele me disse. Quando lhe perguntei por que achava que merecia a promoção, escutei um discurso bem preparado. Primeiro me elencou uma lista de realizações, depois recorreu ao velho argumento de "eu sou o próximo na fila". Fica claro para Sebastian que ser um Segundo Colocado é uma forma particular de tortura. Primeiro, ele foi passado para trás por Mark, que "conhecia as pessoas certas", depois, por duas pessoas vindas de fora, que detinham seu cargo atual trabalhando para diferentes organizações. Ele realizou várias rodadas de entrevista nas três ocasiões, mas sempre havia alguém mais indicado para a vaga.

Como a maioria dos Segundos Colocados, Sebastian passou muito tempo se remoendo: "Por que não eu? O que há de errado comigo?". Sua equipe tinha um bom desempenho e, até onde ele sabia, nunca se indispusera profissionalmente com ninguém. Mas ele fica acordado à noite se perguntando "Será que é obra do acaso — calhou de eu competir com três pessoas melhores — ou tenho alguma falha básica sobre a qual nunca me contaram?". Ao longo de nossa conversa, não consigo deixar de pensar num amigo que está desesperado para casar, mas não encontra ninguém disposto a embarcar nessa jornada a seu lado. Não parece haver nada fundamentalmente errado com ele, ainda não deu certo, só isso.

Como meu amigo solteiro, Sebastian passou muitas noites insones refletindo sobre seus fracassos. Mas fiquei surpresa quando descobri que ele nunca havia se perguntado duas questões cruciais: "Em que medida meus concorrentes eram bem-sucedidos em suas funções *antes* de virarem gerente-sênior?" e "Será que tiveram funções diferentes da minha antes de chegarem aqui?". Ele presumia que, uma vez em seu cargo, seu desempenho anterior e o modo como conquistara o posto atual não faziam mais diferença. Que suas realizações na atual função eram o que mais importava. Mas estava enganado.

"Na época, não havia *ninguém* para assumir minha posição", ele me contou quando perguntei como obtivera a promoção para seu atual cargo. A pessoa que ocupava aquela posição saiu devido às sequelas da covid e a empresa tinha pressa em encontrar um substituto. Teria custado tempo e dinheiro fazer isso da maneira tradicional: publicar um anúncio de emprego e designar um recrutador para entrevistar os candidatos. Assim fizeram o que muitos fazem em situações de emergência — contrataram a pessoa mais motivada que apareceu. Ansioso e rápido em aprender, Sebastian foi essa pessoa.

Para mim, isso não parecia uma promoção dos sonhos que se tornara realidade, estava mais para uma "promoção de campo de batalha". Às vezes as pessoas são promovidas para um cargo porque a organização enfrenta graves problemas de contenção de gastos ou desgaste, e seria mais dispendioso em termos de tempo e dinheiro contratar alguém de fora do que promover e treinar alguém despreparado. Essas decisões fazem sentido a curto prazo, mas são péssimas para a carreira de quem foi promovido. É muito difícil subir de nível sem ocupar algum cargo intermediário importante que outras pessoas de sucesso ocuparam em determinado momento. E muitas vezes, quando essas promoções são oferecidas, o gerente de contratação subestima a importância das etapas intermediárias que foram puladas. A empresa precisa de alguém imediatamente e fará o que for preciso para resolver o assunto.

Para Sebastian, essa função intermediária era a de gerente de nível operacional — cargo em que se aprendiam habilidades como "ter mentalidade empresarial". De alguém voltado aos próprios resultados, ele passara a ser alguém voltado aos resultados da empresa. A pessoa aprende a delegar e a mudar de papel, de subordinado a chefe — a sutil arte de ter ascendência sobre os colegas. Na empresa de Sebastian, essas habilidades são normalmente aprendidas em uma equipe de cinco a sete membros. Em sua função atual, Sebastian supervisiona uma equipe de trinta pessoas. No cargo para o qual está sendo entrevistado, a equipe gira em torno de cem.

Sebastian acabou descobrindo que aqueles que o escolheram para sua função atual não eram os mesmos encarregados de contratar alguém para o cargo de diretor. Esse grupo era composto de uma série de tradicionalistas que chegaram ao topo por um caminho direto e seleto. Eles se opunham veementemente a contratar alguém que queimasse uma etapa — especialmente para um cargo tão crítico como gerente de nível operacional.

Mas foi preciso um bom trabalho de detetive para descobrir isso. E, francamente, não deveria ter sido tão difícil. Os motivos pelos quais a empresa ocultou a verdade não eram louváveis; da perspectiva deles, queriam que Sebastian ficasse lisonjeado e respondesse afirmativamente, de modo que pudessem passar ao incêndio seguinte. Apenas quando fez o networking com gente de fora, indivíduos que tomam as decisões de contratação para cargos como o que ambicionava, ele conseguiu apurar os fatos.

Para muitos, promoções não têm a ver apenas com o sucesso de um candidato na posição que ocupa, mas com a totalidade das experiências acumuladas ao longo do caminho. E em muitos lugares há regras, mesmo que ninguém tenha nos falado delas. Se Sebastian fizesse meu exercício de "Ninguém me contou que...", do capítulo "Em Crise de Identidade", sua resposta seria algo nesta linha: "Ninguém me contou que para chegar ao cargo de diretor é preciso ignorar as ofertas lisonjeiras para gerente-sênior, por mais tentadoras que sejam, se antes você não foi um gerente de nível operacional. Se lhe disserem que não há problema em queimar etapas, não acredite!".

O que é um profissional do tipo Segundo Colocado?

Nem todo Segundo Colocado vai se deparar com um problema como o enfrentado por Sebastian (não saber que queimar uma etapa impede seu progresso). Existem inúmeros obstáculos à espreita, alguns dos quais logo percebemos após nos negarem uma promoção, enquanto outros exigem anos para serem descobertos.

Mas o que os Segundos Colocados têm em comum é que são profissionais experientes que enfrentam dificuldades para galgar a hierarquia, e com frequência são deixados no escuro, sem explicações. De todos os profissionais que aspiram a uma carreira, o Segundo Colocado é o mais seguro sobre quem é, e o mais inseguro sobre como chegou onde está.

A maioria fez tudo certo, ou pelo menos o que achava ser certo, durante meses ou anos. Mas, como descobri, os que decidem a promoção e os que tiveram sua promoção negada divergem muito sobre o que (e às vezes sobre quem) é o problema. O objetivo deste capítulo é entender por que os que decidem sobre promoções e contratações e os Segundos Colocados têm leituras diferentes do processo. As ferramentas fornecidas o ajudarão a descobrir o motivo, de modo que você possa seguir em frente e encontrar um emprego alinhado a seus futuros objetivos.

PRIMEIRA ETAPA: POR QUE ESTOU INFELIZ?

Qualquer um, em qualquer estágio da carreira, pode sofrer a frustração de não conseguir uma promoção. Mas, como Sebastian, muitos de nós não compreendemos onde foi que erramos. Será porque não estamos recebendo feedback de nossos superiores? E, caso perguntássemos, eles reconheceriam que não estão fornecendo um feedback honesto sobre nossos pontos fracos? Para examinar a fundo essa situação, tentei entender a natureza dos lapsos de comunicação entre os Segundos Colocados e os responsáveis pelas promoções. Argumento ainda que extrair informação de um terceiro grupo — as pessoas que conseguiram uma promoção — também pode jogar luz sobre essa incomunicabilidade. Elas talvez tenham uma experiência de feedback completamente diferente do Segundo Colocado, tendo galgado com êxito os degraus do sucesso. Em relacionamentos íntimos, muitas vezes discordamos sobre os motivos para o fim da relação ou o problema "real" por trás de um conflito. Em alguns casos, isso se deve ao fato de as pessoas não comunicarem claramente por que estão infelizes; em outros, o feedback está sendo fornecido, mas é duro de aceitar, e assim adotamos estratégias defensivas para não ferir o ego. Para um Segundo Colocado, a primeira questão a ser respondida é: "Estou recebendo sinais claros de onde errei e optando por ignorá-los, ou trabalho em um lugar que dá preferência ao feedback polido em detrimento do feedback honesto e útil?".

Minha pesquisa envolveu três grupos, cada um com cerca de cem participantes: Segundos Colocados (pessoas que nos últimos seis meses não conseguiram a promoção que esperavam), promovidos (pessoas que nos últimos seis meses conseguiram a promoção esperada) e responsáveis por promoções (pessoas que nos últimos seis meses tomaram decisões sobre promoções).

Para começar, forneci aos três grupos uma lista das treze razões mais comuns pelas quais as pessoas conseguem ou deixam de conseguir uma promoção. Para cada uma das treze razões, forneci quatro opções e os instruí a selecionar a que melhor a descrevia:

a. "Alguém na empresa me informou isso explicitamente."

b. "Acho que o motivo é esse, mas ninguém disse isso para mim."

c. "É possível, mas não tenho certeza."

d. "Definitivamente não é o motivo."

Eis aqui essa lista. Leia e selecione uma das quatro opções para cada motivo.

TREZE MOTIVOS PARA EU NÃO TER SIDO PROMOVIDO

1. As pessoas não me respeitam tanto quanto achei que fariam.

2. As pessoas não valorizam minhas contribuições tanto quanto achei que fariam.

3. Pensei que as funções e as responsabilidades que tenho eram mais importantes para obter uma promoção do que na realidade são.

4. A pessoa encarregada de tomar as decisões sobre promoções recebeu um feedback negativo de meus colegas.

5. Meu desempenho não foi suficientemente bom para eu merecer a promoção.

6. A promoção envolve liderança e eu não tinha experiência suficiente como líder.

7. O responsável por decidir sobre a promoção não vai com a minha cara.

8. O responsável por decidir sobre a promoção não me respeita.

9. O responsável por decidir sobre a promoção tem preconceito contra mim devido ao grupo em que me incluo (meu gênero, raça, etnia, situação social, religião etc.).

10. Há pouquíssimas promoções como essa disponíveis. O ambiente é de alta competitividade e não fui suficientemente competitivo.

11. Não recebi treinamento para isso, de modo que não estava preparado.

12. Meu chefe não tinha muita influência sobre a decisão da promoção.

13. Foi uma disputa acirrada entre mim e a outra pessoa, e ela venceu.

Dos treze itens, quantos você assinalou tranquilamente a opção (a), "Alguém na empresa me informou isso explicitamente"? Se você tem algo em comum com os participantes da minha pesquisa, não muitos.

Dos treze itens, os Segundos Colocados escolheram "Alguém na empresa me informou isso explicitamente" entre 2% e 13% das vezes, com uma média de 7%! Ao menos da perspectiva deles, os Segundos Colocados não estão recebendo feedback pouco antes ou logo depois de seu fracasso em obter uma promoção. Saber se você está recebendo feedback claro sobre o motivo de seu insucesso é a primeira questão que precisa ser respondida. Necessitamos de informação real. Inventar razões ou tentar adivinhar não ajuda em nada.

A seguir, apresentei essa mesma lista a tomadores de decisão sobre promoções. Para cada um dos treze itens, eles tinham três opções:

"As pessoas acham que é por isso que deixaram de ser promovidas, mas não receberam feedback de que o motivo fosse esse."	"Esse é o motivo informado às pessoas para não terem sido promovidas."	"Nenhuma das duas."

Meu objetivo era ter uma ideia das normas do ambiente de trabalho relativas ao feedback, não se as pessoas de fato as forneciam (ou deixavam de fornecer).

Suas respostas, como as dos Segundos Colocados, também refletem falta de feedback? Em média, os tomadores de decisão sobre promoções escolheram "Esse é o motivo informado às pessoas para não terem sido promovidas" cerca de 35% das vezes. Embora eles, em média, afirmem trabalhar em empresas que fornecem feedback claro com muito mais frequência do que os Segundos Colocados alegam ter recebido (a diferença entre 7% e 35% é muito grande), os dados dos tomadores de decisão são discordantes: essa escolha deixou de ser feita, em média, 65% das vezes.

Os tomadores de decisão não estão fornecendo feedbacks às pessoas e, por algumas razões em minha lista, a discrepância é imensa. Pegue o motivo óbvio: "Meu desempenho não foi suficientemente bom para eu merecer uma promoção". Essa é a principal justificativa que eles dão às pessoas para explicar por que não foram promovidas (74% relatam ter dito isso às pessoas). Mas os Segundos Colocados relatam ter sido comunicados desse motivo 7% das vezes.

Pessoas promovidas, por outro lado, tinham uma ideia relativamente mais clara do ocorrido. Forneci-lhes a mesma lista de treze itens, mas descritos positivamente em função de seu sucesso. Por exemplo, "As pessoas não me respeitam tanto quanto achei que respeitavam" virou "As pessoas valorizam minhas contribuições". Elas receberam as mesmas quatro opções dos Segundos Colocados, mas formuladas em termos do motivo pelo qual obtiveram a promoção. Assim, para cada uma das razões pelas quais foram promovidas, elas assinalaram uma alternativa:

a. "Fui explicitamente informado disso por alguém no trabalho."

b. "Acho que o motivo é esse, mas ninguém me falou."

c. "É possível, mas não tenho certeza."

d. "Definitivamente, não foi esse o motivo da minha promoção."

Entre os treze itens, os promovidos assinalaram "Fui explicitamente informado disso por alguém no trabalho" cerca de 32% das vezes. Cerca de 25% escolheram "É possível, mas não tenho certeza", enquanto outros 25%

assinalaram "Acho que o motivo é esse, mas ninguém me falou". Como para os Segundos Colocados, poucos forneceram motivos alternativos para a promoção. A disparidade sobre o motivo da promoção é muito menor do que a disparidade sobre o motivo da não promoção, mas ainda assim é bem grande — em 68% das vezes, nem mesmo os promovidos receberam respostas concretas.

Se você respondeu à pesquisa e está com dificuldade para compreender por que não foi promovido, saiba que não está sozinho. O restante da primeira etapa se destina a ajudá-lo a chegar ao fundo dessa questão, com ênfase nas causas subjacentes mais comuns para os treze motivos listados. Quando duas pessoas não estão de acordo sobre um ponto indiscutível no relacionamento — por exemplo, como dividir as tarefas domésticas de uma forma justa —, elas muitas vezes acabam entrando em conflito por pequenas coisas — como a louça suja que continua na pia de manhã. Essas pequenas discordâncias costumam ser mais sintomas do motivo do que o motivo em si. Para os Segundos Colocados, analiso três causas principais subjacentes às profissões e estágios da carreira. O objetivo é obter algumas respostas precisas para essas questões conforme você passa à segunda etapa, de modo a saber não só quais são seus pontos fracos, mas também os pontos fracos da organização que não o promoveu.

Então quais são realmente os motivos para eu não ter sido promovido?

Os motivos costumam ser complexos e difíceis de comunicar. Para ajudar a esclarecer esse quadro, condensei-os em três causas principais: 1) os Segundos Colocados não têm uma percepção precisa de seu status no trabalho; 2) sua relação com o ambiente de trabalho sofreu um "choque" — houve uma mudança brusca na maneira como o trabalho é feito que perturbou a dinâmica da equipe e, por sua vez, a hierarquia; e 3), eles trabalham em uma organização com barreiras estruturais à promoção. Fatores como ter um chefe com pouco poder ou exercer uma função que não tenha um "próximo cargo" natural costumam ser os culpados. Essas três coisas podem contribuir para os treze motivos mencionados.

Primeira grande questão: você sabe de quanto status desfruta no trabalho?

Para entender o motivo, você precisará fazer a si mesmo uma importante pergunta: tenho uma visão precisa do meu status no trabalho? O status é obtido quando as pessoas que nos cercam reconhecem nossa competência e habilidades. As duas primeiras questões na lista de treze motivos aludem diretamente ao status: as pessoas não me respeitam nem valorizam minhas contribuições tanto quanto eu achava que deveriam. Dois outros itens — não ter suficiente experiência de liderança e não exercer as funções e responsabilidades corretas — também estão relacionados ao status. Como foi dito no capítulo "Os Distanciados", muitos de nós assumimos determinadas funções (com frequência voluntariamente) por acharmos que nos darão mais status, mas às vezes nos enganamos.

Saber de quanto status você desfruta significa compreender em que medida os demais valorizam suas contribuições, permitem a você ter influência e costumam valorizar sua opinião. Questionar seu próprio status no trabalho pode soar um pouco assustador. Para obter uma resposta honesta, você precisará perguntar aos colegas, de modo a ter certeza de que suas impressões estão alicerçadas na realidade. Antes de lhe mostrar como fazer isso, deixe-me analisar em que consiste o status e por que muitas vezes ficamos com uma percepção equivocada sobre o nosso.

Nós percebemos nosso status e o dos outros prestando atenção em como as pessoas tratam umas às outras em centenas de interações, muitas vezes em diferentes contextos — de reuniões formais em que importantes decisões são tomadas a bate-papos nos corredores. Mesmo pequenas coisas, como quem tem mais chance de ver seu e-mail sendo rapidamente respondido, podem nos fornecer uma pista sobre quem tem status.

Por mais complicado que o status seja, as pessoas são em média bastante precisas sobre sua posição em relação aos demais.[1] Mas há também muita variabilidade no parecer individual sobre o próprio status. Algumas pessoas são boas nisso e outras nem tanto.

Por que pode ser difícil interpretar corretamente o próprio status? Às vezes o status profissional está baseado nas "coisas certas" — ter habilidades ou experiência relevantes para executar bem o serviço, ou o que os cientistas sociais chamam de status baseado no prestígio. Respeitamos a pessoa que está falando e não a interrompemos quando ela sabe sobre o que está falando e merece ser ouvida, por exemplo. Se você trabalha em uma organização onde o status se baseia no prestígio, seu nível de competência e habilidades deve estar diretamente relacionado a seu status. Mas às vezes ele se ancora em fatores errados — gênero, raça, nepotismo. Às vezes, o status deriva de você ser aquele que fala mais alto, por mais injustificável que isso seja.

Pergunte a si mesmo: nas equipes em que trabalho, as pessoas mais respeitadas são as mais influentes, além de possuírem a experiência ou o conhecimento mais relevante para o trabalho?

Se a resposta a essa questão for sim e você sente que não tem status, talvez seja necessário cobrir algumas lacunas em suas habilidades para melhorar sua posição. Mas se a resposta for não, há uma boa chance de seu ambiente de trabalho não se valer de um modelo de status baseado no prestígio.

Em minha pesquisa, forneci aos tomadores de decisão uma lista de quinze sinais de status — uns baseados no prestígio, outros não — e pedi para refletirem sobre quais traços e comportamentos caracterizam aqueles que usufruem de maior respeito, admiração e influência no ambiente de trabalho (em outras palavras, status). Eles tinham três opções: "Definitivamente influencia", "Não influencia" ou "Não tenho certeza".

Eis a lista:

- ❑ Gênero.
- ❑ Número de subordinados que supervisiona.
- ❑ Grau de inteligência.
- ❑ Em que medida se pronunciam nas reuniões.
- ❑ Até que ponto intimidam os demais.
- ❑ Parentesco com outra pessoa na empresa.
- ❑ Amizade com outra pessoa na empresa.
- ❑ Etnia.
- ❑ Raça.
- ❑ Idade.
- ❑ Universidade que frequentou.
- ❑ Tempo de serviço na empresa.
- ❑ Grau do conhecimento especializado.
- ❑ Desempenho no trabalho.
- ❑ Título do cargo.

As três respostas principais foram: tempo de serviço na empresa; conhecimento especializado e desempenho no trabalho, nessa ordem (cerca de 90% dos tomadores de decisão endossaram essas três como "Definitivamente influenciam"). Tudo isso são medidas de status com base no prestígio. Contudo, algumas características escolhidas pelos tomadores de decisão não deveriam influenciar o status, incluindo se a pessoa tem parentesco com outra na empresa (25%). Queremos saber *antes* de aceitar um emprego se os tomadores de decisão baseiam suas decisões de promoção em fatores como nepotismo, que é meu foco na segunda etapa.

Pode ser muito difícil obter uma promoção se você trabalha em um lugar onde ninguém faz por merecer seu status. Preencha a lista de verificação de sinais de status acima e some quantos itens você assinalou que incluíam gênero, raça, etnia, idade, parentesco com outro funcionário e amizade com colegas. Nenhum desses é sinal de status baseado no prestígio.

O segundo motivo pelo qual interpretamos mal nosso status decorre da sutileza dos sinais que as pessoas dão a respeito deles. Para captar esses sinais, é preciso prestar atenção não só em como as pessoas respondem a você, mas também em como respondem umas às outras. Por exemplo, você precisa saber que a interrupção de Steve à apresentação de Ashley não significa grande coisa (afinal, Steve interrompe todo mundo e vive tentando ganhar status, apesar de não ser respeitado por ninguém), mas, quando Ashley é interrompida por Sasha, isso é um indicativo importante (Sasha ocupa o topo da hierarquia e só interrompe alguém quando a pessoa está pisando na bola).

Pergunte a si mesmo: Sei o suficiente sobre a dinâmica interpessoal no trabalho para ser capaz de identificar a hierarquia de status?

Talvez você esteja perdendo oportunidades de ler os sinais. Se estes são expressos em e-mails e você não recebe ou não lê todos eles, vai deixar de percebê-los. O mesmo vai ocorrer se o seu trabalho for remoto ou híbrido e outras pessoas realizarem reuniões presenciais. Muitos comportamentos que determinam o status acontecem em interações informais — conversas no corredor após uma reunião, por exemplo. Quanto mais oportunidades de observar as pessoas, melhor.

O terceiro motivo para as pessoas não identificarem o status é que nem todo grupo está de acordo quanto ao que deveria "contar" como sinal de status. Pegue, por exemplo, a idade, um aspecto ligado a uma série de estereótipos.

Alguns acham que pessoas mais velhas e com longo tempo de serviço numa empresa devem ter status elevado porque têm mais experiência; outros acham que são menos criativas e mais lentas para aprender coisas novas, e portanto deveriam ter menos status. Mesmo grupos que adotam uma abordagem baseada no prestígio podem discordar sobre a relevância das habilidades e experiências para o status. Talvez para uma equipe a experiência seja o mais importante; para outra, a universidade em que você se formou.

Pergunte a si mesmo: Minha equipe passa mais tempo competindo por status e tentando decidir quem tem mais voz dentro da empresa do que efetivamente trabalhando?

Se a resposta for positiva, você provavelmente pertence a um grupo que passa um bocado de tempo no que os cientistas chamam de processo de atribuição de status — tentando descobrir quem deve ter muito ou pouco status. Esses grupos carecem do consenso que precisam para decidir o que é importante ou não para o status.

O que a precisão em interpretar a hierarquia de status tem a ver com as promoções?

O erro mais grave que você pode cometer é acreditar que tem mais status do que tem. Mas acontece que a falta de precisão tanto num sentido como no outro pode dificultar uma promoção no trabalho.

Por quê?

Pessoas que sabem de quanto status desfrutam também são boas em saber qual é o status dos demais.[2] E essa informação é incontornável quando se trata de decidir com quem estabelecer sua rede de contatos *fora* de seus grupos de trabalho. Siyu Yu e Gavin Kilduff, professores de uma escola de negócios, descobriram que o networking com as pessoas certas — as que podem nos fornecer informação privilegiada, como quem procurar quando precisamos de ajuda — é benéfico para nosso desempenho. Imagine que você queira propor uma iniciativa no trabalho, mas não sabe quais estratégias serão mais eficientes em convencer sua equipe a colaborar. Pessoas de status elevado lhe ensinarão os truques do ofício, como se propor uma troca de favores é ou não a melhor opção. Profissionais que acatam a orientação de outros com status elevado mostram bom desempenho, o que nesse caso significa convencer a equipe a colaborar.

Há mais um benefício em conhecer a hierarquia de status, sobre o qual falarei mais na seção seguinte: isso nos ajuda a detectar quanta influência nosso chefe ou gerente exerce sobre quem deve ser promovido. Uma das razões estruturais pelas quais você está encontrando dificuldade em obter uma promoção talvez não tenha nada a ver com seu status ou desempenho, mas com os do seu chefe. Pessoas que sabem disso buscam rotas alternativas para a promoção. Elas estabelecem networking com chefes dotados de poder de persuasão ou pedem para trocar de equipe a fim de trabalhar com chefes assim.

Se eu não for muito bom em interpretar meu status, o que devo fazer?

Interpretar o status das pessoas no trabalho exige uma série de habilidades. Mas mesmo que suas avaliações sejam equivocadas, você pode tomar algumas providências simples para afiar a precisão de suas percepções.

Antes de mais nada, é preciso aprender a ler os sinais. Você pode começar com algo simples: no decorrer de várias reuniões ou interações de equipe, registre por escrito suas observações sobre a reação das pessoas quando alguém fala: elas comentam logo em seguida e se referem ao que a pessoa falou, ou mudam completamente de assunto?

Imagine que na sua equipe existe alguém de nome Jace. Quando Jace faz um comentário ("Acho que deveríamos cortar nosso orçamento operacional pela metade neste ano"), as pessoas em seguida se referem ao que Jace disse ("Concordo, mas eu acrescentaria que...")? Ou, após uma pausa, mudam de assunto? Se há uma pausa e Tracy pede a palavra para dizer "Gostaria de falar sobre a estratégia de recrutamento, se todos estiverem de acordo", significa que o comentário de Jace entrou por um ouvido e saiu pelo outro. Pessoas de status inferior dificilmente têm influência, não conseguem fazer suas ideias serem levadas em consideração. Sobretudo em culturas de empresa excessivamente educadas, onde as pessoas acham que interromper alguém é uma grosseria, os sinais de status muitas vezes assumem a forma de pausas após o pronunciamento de alguém de status inferior.

Pergunte a si mesmo: Quando você se pronuncia, as pessoas imediatamente comentam o que você falou ou mudam de assunto?

Segundo, aprenda a perguntar. Após coletar alguns dados, teste suas suposições sobre status com seu chefe, gerente ou líder de equipe. Não pergunte

"Eu tenho status aqui?" — é vago e a pessoa ficaria constrangida em responder não, ou talvez ela não saiba a resposta. No lugar disso, pergunte: "Você acha que meus apartes em nossa discussão sobre cortes de orçamento causaram algum impacto?". Se a resposta for negativa, pergunte por quê. Indague sobre os fatores que contribuem para o status, mas não sobre o status em si — as pessoas respeitam minhas opiniões, tenho alguma influência, há alguém mais experiente para quem as pessoas mostram deferência?

Terceiro, descubra quem tem status fora da sua equipe, mas dentro da sua empresa. Um dos benefícios do trabalho presencial é saber onde estamos pisando na hora de procurar a ajuda de alguém ou entender o que o chefe espera da equipe. Trabalhadores remotos precisam perguntar explicitamente sobre essas coisas para descobrir quem são os líderes informais. Esse networking "fora da equipe" é essencial para você progredir, mesmo que seu status no início seja baixo. Crie essa rede de contatos antes de deixar um emprego. Pode ser que você não esteja conseguindo uma promoção porque está procurando conselhos com as pessoas erradas — aquelas que a seu ver contariam com mais respeito e influência do que de fato têm.

Segunda grande questão: houve algum choque no ambiente de trabalho?

Às vezes deixamos de obter uma promoção porque algum acaso provocou uma reviravolta na hierarquia. Um dia temos algum status, no dia seguinte, nenhum. Os choques são mudanças na organização com duas características principais: são altamente disruptivos, exigindo que os funcionários se apoiem mutuamente para lidar com os problemas decorrentes da mudança; ou abalam a hierarquia de status. Muitos de nós passamos pela experiência de trocar o trabalho presencial pelo remoto. Fatores que contribuíam para nosso status antes do choque (como ter uma mesa na frente da sala) deixaram de ser efetivos (no Zoom não há mesas na frente ou atrás). Cerca de um quarto dos Segundos Colocados em meu estudo passou por algum choque — um terço das pessoas que foram promovidas e metade dos chefes. Choques são comuns.

Os choques às vezes parecem repentinos e podemos ser pegos de surpresa. Imagine que sua empresa, sediada em uma nação bilíngue, adote o inglês como idioma interno. A partir do dia seguinte, todas as reuniões devem ser feitas nessa língua. Imediatamente, quem não fala inglês como sua língua nativa perceberia uma perda de status. Em outro exemplo, imagine a introdução súbita de uma nova tecnologia. No dia seguinte, os "nerds" perceberiam um aumento de status. Muitas reformas amplas na empresa de que falo no capítulo "Os Distanciados" seriam consideradas um choque.

Elijah Wee e seus colegas da Universidade de Washington estudaram como os choques influenciam o comportamento das pessoas em relação à potencial perda de status.[3] Eles observaram equipes em uma imobiliária do Sudeste Asiático que passou por um choque relacionado ao tipo de imóveis negociados (houve uma mudança do setor privado para o público). Todo mundo sentiu o choque, mas o vice-presidente enviou um e-mail apenas para metade das equipes, dizendo que precisariam recomeçar e criar uma nova lista de contatos após a mudança. A outra metade não recebeu o e-mail. O modo como ele formulou o choque exerceu um imenso impacto em como as pessoas reagiram.

Profissionais com status antes da reforma — aqueles com muitos contatos (algo que vale ouro no setor imobiliário) — sentiram-se tão ameaçados que se autossabotaram fazendo coisas como acumular recursos e informações privilegiadas. Funcionários de pouco status antes do choque viram nisso uma oportunidade para galgar os degraus da hierarquia. Eles se revelaram bons no trabalho em equipe, compartilhando recursos e informações privilegiadas. Na verdade, muitas dessas pessoas com pouco status superaram aquelas com maior status.

Se você já passou por um choque no trabalho — como ocorreu com 24% dos Segundos Colocados em meu estudo —, pode ter descido um ou dois degraus na hierarquia de status. Se desfrutava de muito status antes do choque, tenha em mente que fazer coisas como se recusar a compartilhar recursos com colegas que considera concorrentes, mesmo sentindo que isso levará a ganhos de curto prazo, representa um tiro no pé. Segundos Colocados com todos os marcadores de status podem estar se perguntando: "Onde foi que errei?". A resposta talvez seja simples, como "Você agiu puramente em função de seus interesses. E ninguém gosta disso". Se ocorrer um choque em seu trabalho, tome uma atitude rapidamente. Analise a situação com cuidado e mude de estratégia se o seu comportamento anterior de buscar status não o ajudar mais a obter o respeito e a admiração dos demais. Seu objetivo é se manter no caminho de uma promoção, e mostrar-se adaptável aos choques é decisivo para alcançá-lo.

Terceira grande questão: existem obstáculos estruturais para uma promoção?

Concentrei-me até agora no que você pode estar fazendo de errado, mas às vezes há barreiras que escapam ao seu controle, fatores estruturais que permanecem ocultos até tentarmos galgar os degraus da hierarquia e percebermos que é impossível. Geralmente ninguém pensa no chefe como uma dessas barreiras, embora um dos motivos mais comuns para as pessoas não serem promovidas deve-se a um chefe pouco influente. Obviamente, contar com a boa vontade do chefe em promovê-lo é essencial. Mas e quanto a ter um chefe que acredita em você, embora não esteja em seu poder fazer com que a promoção se torne realidade?

Conversei com Subbu Kalpathi, professor, palestrante, engenheiro de computação e consultor, que trabalhou tanto em startups com poucos funcionários como em enormes corporações. Uma das lições que aprendeu é que às vezes até mesmo um chefe bem-intencionado é incapaz de conseguir uma promoção para você. Pode acontecer de ele não gozar de respeito ou tempo de serviço suficiente para ter influência na empresa, ou "não ser a vez dele" de escolher a próxima promoção.

Em um de seus empregos, Subbu percebeu após uma promoção malograda que ele competia com uma centena de pessoas que trabalhavam no mesmo lugar. Seu chefe, que era recém-chegado, descobriu na reunião sobre decisões de promoção que as pessoas na posição de Subbu precisavam ter trabalhado na empresa durante pelo menos um ano antes de poderem se candidatar a uma promoção. Por melhor que fosse o desempenho do subordinado direto, o tempo de serviço na empresa era um critério prioritário.

Pergunte a si mesmo: Meu chefe é tão influente quanto penso?

O status pode ser um cordão umbilical invisível unindo você a seu chefe. Se ele não desfruta de status, você também não. Mas não espere que ele lhe diga isso; em minha pesquisa, apenas 16% dos tomadores de decisão relataram dizer aos funcionários que eles não conseguiam ser promovidos por causa do chefe, que "não detém muita influência sobre quem, entre as pessoas com as quais eles competiam, era promovido".

Você pode descobrir o status de seu chefe da mesma maneira que descobre o seu — realizando networking, observando como as pessoas se comportam e se o ponto de vista do chefe, quando compartilhado, influencia as decisões.

Métodos indiretos são melhores, uma vez que as pessoas raramente estão dispostas a admitir suas deficiências de status. E ao fazer sua rede de contatos, fique de olho em quais chefes conseguem mais promoções, não apenas em quais pessoas foram promovidas.

Chefes com bons contatos também o ajudam a escrutinar uma questão muito importante: se de fato há um "próximo cargo" para você. Em seu ambiente de trabalho, o cargo seguinte pode estar tão distante de suas funções atuais que isso não seria uma promoção, e sim uma guinada na carreira.

Pergunte a si mesmo: Há um cargo que seja um passo seguinte natural para mim?

Zoe, chefe de vendas de uma empresa sediada no oeste dos Estados Unidos, enfrentou esse obstáculo recentemente. Ela é uma fantástica líder, tão boa que sua equipe aumentou em 80% a receita de sua área. Com os números a seu favor, ela estava ansiosa em ser promovida a vice-presidente. Mas o problema era que esse cargo implicava supervisionar uma região imensa do país — muito maior do que aquela à qual ela estava acostumada, e onde não tinha contatos (em vendas, tudo se resume à rede de contatos).

Frustrados com a falta de oportunidade de promoção, Zoe e outros líderes de equipes de vendas perceberam que enfrentavam uma barreira oculta sobre a qual ninguém lhes contara: para se sair bem nas circunstâncias em que foram admitidos, precisavam formar uma rede de potenciais clientes que fosse profunda, mas não ampla, com uma poderosa carteira de contatos com pessoas numa região relativamente pequena. Mas para conseguir uma promoção, precisavam do oposto — uma rede ampla, mas não profunda; conhecer muita gente por todos os Estados Unidos, sem a necessidade de desenvolver um relacionamento com grande número delas. Cabia ao vice-presidente instruir sua equipe a desenvolver relacionamentos profundos dentro de sua região.

Acontece que, devido a essa barreira, ninguém em sua posição jamais fora promovido a vice-presidente. A maioria ficava estagnada, contentando-se em receber suas polpudas comissões. A vaga de vice-presidente na verdade era preenchida por gente de fora — pessoas que ocupavam esse cargo em empresas competitivas e que dispunham das redes de contato certas. A chefe dela, que não participara de nenhuma decisão de promoção (ela estava no cargo havia seis meses), não sabia disso.

Se a maioria das pessoas que ocupam o cargo ao qual você aspira vem de fora, você pode estar enfrentando uma barreira estrutural. Na terceira etapa, trato de questões específicas sobre como lidar com tais barreiras. Quantas pessoas que ocupam o cargo dos seus sonhos exerceram outra função nessa empresa e quanto tempo levou para chegarem lá? As habilidades necessárias para ter sucesso nesse cargo têm relação com aquelas necessárias para ter sucesso no cargo abaixo dele ou são de um tipo diferente?

SEGUNDA ETAPA: O QUE ESPERO DE MINHA FUTURA CARREIRA?

Ao final da primeira etapa, você terá começado a descobrir o que o impede de progredir: saberá o grau do seu status, se há defasagens em suas habilidades ou experiência, se já passou por algum choque e se existem barreiras estruturais, incluindo um chefe sem status, que estariam servindo de empecilho. Caso ainda não tenha identificado todos os motivos, sem problema. Na segunda etapa, você continuará explorando essas questões com a ajuda de sua rede de contatos.

Como mencionei nos capítulos "Em Crise de Identidade" e "Os Sobrecarregados", a maioria dos profissionais bem estabelecidos fez um amplo networking dentro de sua empresa e sua área. O Segundo Colocado deve fazer o mesmo, conversando com pessoas que supervisionam a função que ele deseja e que a ocuparam no passado ou ocupam hoje.

O Segundo Colocado dá um passo em falso muito antes de tentar obter uma promoção, e geralmente quando aceita um cargo dois ou três degraus abaixo disso. Os equívocos podem começar já na hora de procurar emprego, quando ele deixa de fazer as perguntas certas sobre oportunidades de promoção. As questões a seguir devem ser feitas no começo, antes de você estar pronto para se candidatar. À medida que passa por essa etapa, procure pessoas que trabalham para diferentes organizações. As normas locais de uma empresa são fortes e, como menciono ao longo do livro, seu objetivo é investigar, por meio das respostas das pessoas, questões transversais relacionadas ao trabalho delas.

A chave do sucesso aqui é basear sua estratégia de networking na função ambicionada, não na empresa para a qual quer trabalhar. Um problema dos Segundos Colocados é achar que a grama do vizinho é sempre mais verde;

eles costumam cair de amores por uma organização onde acreditam que seu caminho para o sucesso será mais fácil do que no lugar onde estão. Em geral isso não é verdade; assim, para evitar ser influenciado por esse viés, pense de forma abrangente sobre seus contatos.

Para ser competitivo, preciso ocupar funções que você pulou?

Sebastian, com quem abri este capítulo, subestimou em que medida o cargo de gerente de nível operacional era um passo necessário para progredir. Em algumas profissões há funções imprescindíveis, no sentido de que são a única maneira de obter determinado tipo de experiência. Mas sem dúvida nem todo mundo está de acordo sobre até que ponto tais funções são de fato imprescindíveis, ou alguém como Sebastian teria ouvido falar delas. Na verdade, a importância dessas funções varia de uma organização para outra, mas também dentro de uma mesma empresa, entre as equipes. Por exemplo, no departamento de psicologia da Universidade de Nova York temos duas áreas. Em uma delas (cognição) só se contratam professores com pós-doutorado. Em outra (psicologia social), contratam-se pessoas que terminaram a pós-graduação. A diferença do tempo de formação entre essas duas opções varia de um a quatro anos. Mas, uma vez aqui, as pessoas são tratadas com imparcialidade e têm o mesmo título de cargo, remuneração e expectativas de desempenho (a despeito das diferenças de formação).

Ao criar sua rede de contatos, peça às pessoas que falem de suas trajetórias profissionais. Procure identificar padrões relativos aos cargos que todos os promovidos ocuparam em algum momento, mesmo que ninguém esteja efetivamente falando por que esses cargos são importantes. Como no caso do uso de jargão e outras formas de comportamento normativo, pode haver um entendimento tácito de que "todo mundo sabe disso". Mas você talvez não saiba. E, como o jargão e as normas em geral, o único jeito de aprender é perguntando.

Você presumiu que os cargos que ocupou oferecem mais oportunidade de mobilidade profissional do que na realidade oferecem?

No capítulo "Os Sobrecarregados", apresentei as três categorias em que as funções se enquadram: cotidianas, de mobilidade profissional e apaixonantes.

As funções cotidianas nos tomam a maior parte do tempo e constituem a essência do trabalho. São com frequência as mais diretamente ligadas ao desempenho. Se você não dominá-las, será difícil obter uma promoção. As de mobilidade profissional o ajudam a ir além de sua posição atual. Elas lhe dão visibilidade e demonstram habilidades que diferem das funções cotidianas. Em sua melhor versão, são as funções de liderança fora de seu domínio imediato (presidir um comitê de planejamento estratégico, digamos). As funções apaixonantes são aquelas que apreciamos — tarefas que dão sentido a seu trabalho, mas provavelmente não dão status. Só os sortudos progridem na hierarquia por meio de funções apaixonantes.

Escreva as funções que você exerce no trabalho e classifique-as nessas três categorias. Quando conversar com sua rede de contatos, teste seus pressupostos sobre suas categorizações. Por exemplo, você costuma assumir demasiadas funções cotidianas que não são necessárias para ser promovido? Os Segundos Colocados às vezes caem na armadilha dos retornos decrescentes; a quantidade de esforço necessário para continuar exercendo essas funções não está ligada aos benefícios que obtemos por desempenhá-las bem. A certa altura, essas funções foram importantes, mas agora não são mais. Para mim, é como ser a autora de apenas alguns capítulos no livro de outra pessoa (o que é muito diferente de publicar meu próprio livro). É algo de pouco proveito nesse estágio da vida, mas já foi muito importante quando eu não tinha tantas publicações assim. Levei um tempo para atualizar o que penso sobre a importância disso.

Um equívoco muito maior cometido pelos Segundos Colocados é categorizar incorretamente suas funções de mobilidade profissional. Como já vimos, pode ser muito difícil avaliar o próprio status, e um possível motivo para isso talvez seja presumir que as funções que nos dão visibilidade — que nos proporcionam uma oportunidade de manter contato com a liderança sênior ou sermos convidados para reuniões importantes — são igualmente as que nos rendem respeito. Mas nem sempre é o caso.

Eis um exemplo.

Recentemente, conversei com uma diretora de recursos humanos que me contou sobre um problema em seu trabalho. Surgiu uma tendência entre as pessoas de iniciar seu próprio grupo de afinidade, concebido para reunir pessoas com interesses ou pautas em comum e que de outro modo poderiam achar difícil se conectar entre si. A CEO decidiu se envolver principalmente em questões de diversidade e inclusão, assim, uma vez por mês, ela se reúne com todos os líderes dos grupos de afinidades para que possam compartilhar as necessidades de seus grupos. Muitos desses líderes veem isso como uma oportunidade de ouro para se aproximar da CEO. O problema é que as reuniões desses grupos não mostram as habilidades que CEOs normalmente valorizam para tomar suas decisões de promoção. As pessoas estão se voluntariando aos montes para criar grupos de afinidades porque confundem essas funções apaixonantes com funções de mobilidade profissional.

Cuidado para não rotular incorretamente suas funções de mobilidade profissional. Cerca de 20% dos Segundos Colocados em meu estudo assumiram determinada função porque isso contribuía positivamente para sua reputação; 10%, porque acreditavam que impressionaria quem os convidou a fazê-lo; e 11% por acharem que impressionaria alguém da chefia. Porém mais de um quarto (26%) desses mesmos participantes atribuiu o fracasso da promoção à crença de que suas funções e responsabilidades tinham mais importância do que na realidade tinham, embora ninguém lhes tivesse explicitado isso.

Pergunte a sua rede de contatos: "Exerço essa função já faz algum tempo, mas não tenho certeza se está me ajudando a progredir; de que maneira você acha que ela é relevante para meus objetivos?". No caso da turma dos grupos de afinidades, a resposta seria "Acho ótimo que você esteja fazendo isso e possa conhecer a CEO. Mas nessas reuniões só salta aos olhos sua paixão pelo grupo, e não seu desempenho no trabalho". Uma pergunta simples com uma resposta simples pode lhe poupar muito tempo e energia.

Tenho consciência de que esse cargo é difícil de ser oferecido?

Quanto mais perto do topo, menores as oportunidades, e quando se trata de promoções importantes, muitos de nós partimos de pressupostos equivocados. Baseamos nosso conhecimento no número de anúncios existentes para o cargo ou no número de pessoas de nossa rede de contatos que o ocupam atualmente ou já o ocuparam no passado.

Cerca de 55% dos chefes em meu estudo relataram ter dito a alguém que não foi promovido que havia pouca disponibilidade de tais posições, e que ele não era suficientemente competitivo. Mas apenas 10% dos Segundos Colocados relatam ter escutado essa justificativa para não serem promovidos. Ou os líderes são péssimos em comunicar que o cargo é oferecido raramente, ou os Segundos Colocados não compreendem inteiramente o que isso significa quando são comunicados disso.

Provavelmente as duas coisas. Mas há uma série de aspectos nos quais nossa percepção pode estar equivocada.

Primeiro, a maioria pensa na competição em termos locais: quem, em nosso ambiente de trabalho, representa a comparação social mais relevante para a promoção que almejamos? Talvez seja John, na baia ao lado. Ele parece estar sempre se saindo um pouco melhor do que você, e isso o incomoda, assim você o monitora constantemente. John pode ser candidato à promoção que você espera, mas, na realidade, ele provavelmente é apenas um entre centenas de candidatos. Vejo isso acontecer com frequência no universo acadêmico. Os alunos se comparam uns aos outros: quem publicou mais artigos, quem realizou a melhor apresentação etc. Mas sua verdadeira concorrência é um mar de pessoas anônimas sobre as quais eles nada sabem.

Mais da metade dos Segundos Colocados (55%) acreditavam saber com quem competiam por uma promoção. A maioria pensava também ter perdido para alguém de seu próprio ambiente de trabalho (67%). Considerando o imenso lapso de comunicação entre os Segundos Colocados e os tomadores de decisão, como saber até que ponto esses números representam a realidade? A competição por promoções é uma caixa-preta.

Segundo, raramente ficamos sabendo quantas pessoas se candidataram a determinada vaga. Os recrutadores e gerentes de contratação não costumam transmitir essa informação ao candidato ("Você está concorrendo a esse trabalho com outras cinquenta pessoas"). Um motivo para isso é que esse número vive mudando; eles não poderiam fornecer uma resposta honesta nem se quisessem. Como discuto ao longo do livro, o processo de contratação muitas vezes é iterativo — uma vaga é aberta, as pessoas se candidatam, o cargo é preenchido, novas vagas se abrem, outras pessoas se candidatam. Não há um número constante de candidatos. Outro motivo é que muitos cargos são preenchidos sem serem anunciados, assim o número de candidatos existe mais na teoria do que na prática. A obtenção do emprego depende de quem você conhece, não de quantos currículos foram submetidos a um site.

Nesse estágio, é importante saber se você está cobiçando um cargo que estatisticamente tem pouca probabilidade de lhe ser confiado. A melhor maneira de fazer uma ideia precisa de suas chances é conversar com quem contrata. Comece perguntando quantas pessoas, em função da competitividade, obtêm essa função anualmente (ou trimestralmente). A chave aqui é a expressão "em função da competitividade". De que adianta sabermos que mil pessoas se candidataram ao emprego se apenas cinco têm as qualificações para a vaga? Mas se apenas 5% das pessoas altamente competitivas conseguem a vaga, então suas chances são obviamente reduzidas, mesmo se você for uma delas. A seguir, pergunte: "O que precisa acontecer para que a vaga seja oferecida?". Em algumas empresas, há barreiras ocultas para os cargos — cortes de gastos, alguém prestes a se aposentar, alguém que será demitido. Em outras, são anunciadas sistematicamente cerca de dez ofertas para o cargo por ano.

TERCEIRA ETAPA: APURANDO OS FATOS PARA VERIFICAR SE O TRABALHO É O IDEAL PARA MIM

Ao chegar ao fim da primeira e da segunda etapas, você deverá ter uma ideia de que passos precisa dar a fim de melhorar suas chances de obter uma promoção em seu próximo emprego — seja cobrindo lacunas em seu currículo ao assumir funções intermediárias adicionais, seja, em outra estratégia, abandonando funções que lhe trouxeram menos mobilidade profissional do que você pensava que trariam. Você pode descobrir que talvez tenha de trabalhar por mais algum tempo em seu cargo atual ou em um cargo equivalente antes de ser suficientemente competitivo para uma promoção.

A terceira etapa é para quem está pronto para deixar sua função atual, seja pensando em dar o próximo passo, seja para ocupar outra equivalente. Mais adiante comento as principais questões a serem efetuadas aos gerentes de contratação, entrevistadores e recrutadores durante esse processo. Mas, antes, eis dois conselhos gerais.

Não baseie sua busca apenas nos títulos dos cargos

Segundo aferi em meu estudo, a maioria dos Segundos Colocados está à procura de um cargo com outro título — cerca de 83%. Mudanças de título são indicadores de status, então entendo a tentação. Mas muita coisa pode dar errado quando baseamos nossa busca apenas no título do cargo. Antigamente, havia um consenso sobre o que os títulos dos cargos significavam nos diferentes setores, mas esse não é mais o caso. Novos títulos são inventados o tempo todo. Por exemplo, antes da pandemia, os anúncios de emprego com a palavra "sênior" giravam em torno de 3,9%; na primavera de 2022, quase dobraram para 6,2%. Os criadores dos empregos e dos anúncios logo perceberam que podiam atrair maior número de candidatos mediante títulos de cargos mais pomposos que precisos.[4]

Se você está tentado a se candidatar a um emprego porque o anúncio inclui palavras como "sênior" ou " executivo", procure descobrir o que há de concreto nisso. E, principalmente, pergunte a pessoas de fora da empresa se já ouviram falar nessa descrição de cargo e o que acham que significa. Um título chique não vai ajudá-lo a ganhar status no trabalho quando ninguém, exceto um pequeno círculo, tem respeito por ele.

Venha preparado para a entrevista com uma lista específica de mudanças, boas e ruins, que você pode encontrar caso aceite o trabalho

Muitos de nós ficamos tão empolgados com a oportunidade de arrumar um emprego com potencial de promoção que passamos a entrevista toda tentando impressionar, ou perguntando sobre futuras oportunidades — as boas coisas que podem ocorrer se tivermos um bom desempenho. Mas as promoções geralmente são uma faca de dois gumes. Com mais responsabilidades vêm maior estresse, maior carga de trabalho e, provavelmente, menos equilíbrio entre o trabalho e a vida profissional. Orientei os Sobrecarregados a perguntar durante a entrevista: "Existe uma cultura de respeitar um 'não' aqui?". Tal conselho aplica-se também nesse caso. As promoções em geral envolvem um malabarismo de múltiplas funções e nunca é demais tomar cuidado para não virar um Sobrecarregado, assumindo tantas incumbências para impressionar o chefe que acabamos fazendo tudo ao mesmo tempo e, assim, não fazemos nada direito.

Em meu estudo, apresentei aos Segundos Colocados e aos promovidos uma lista de treze fatores que poderiam mudar se recebessem a promoção desejada (Segundos Colocados) ou que de fato mudaram após a promoção (promovidos). Em cada item, eles informaram se teriam (ou tiveram) "mais", "menos", "o mesmo" ou "não sei" para cada fator. Essa lista segue abaixo.

> **LISTA DE MUDANÇAS**
>
> 1. Remuneração.
>
> 2. Quantidade de responsabilidades.
>
> 3. Número de subordinados sob sua supervisão.
>
> 4. Responsabilidade da liderança.
>
> 5. Flexibilidade no horário de trabalho.
>
> 6. Quantidade de viagens.
>
> 7. Respeito dos colegas.
>
> 8. Estresse.
>
> 9. Equilíbrio entre vida profissional e pessoal.
>
> 10. Autonomia na programação.
>
> 11. Autonomia no horário de trabalho.
>
> 12. Autonomia para escolher o local de trabalho.
>
> 13. Influência sobre as decisões.
>
> Responda você também a esse questionário. Qual é seu grau de otimismo de que, caso consiga a promoção, terá mais das coisas boas e menos das ruins?

Eis o que meus dados me mostraram.

Em média, os Segundos Colocados acham que teriam "mais" em tudo que se enquadra na categoria de aumento do status — cerca de 80% mais responsabilidade, remuneração, liderança, respeito dos colegas e influência nas decisões. Esses números se alinham às experiências dos promovidos, que apresentaram, em média, cerca de 78% na categoria "mais" em todas essas coisas após sua promoção.

Os dois grupos divergem quanto ao preço psicológico cobrado pela promoção. Cerca de 68% dos promovidos passam mais estresse depois dela, comparado à expectativa de maior estresse de cerca de 60% dos Segundos Colocados. Cerca de 15% dos promovidos encontram maior equilíbrio entre a vida profissional e pessoal após a promoção, comparado à expectativa de 25% dos Segundos Colocados de obter esse equilíbrio. Quando tentamos antecipar o futuro, tendemos a superestimar em que medida as coisas ficarão melhores para nós, e a subestimar quanto ficarão piores.

Use essa lista na sua última etapa de entrevistas, assim que houver pesquisado sobre o cargo e estiver prestes a obtê-lo. Peça para falar com as pessoas que exercem a função à qual você aspira e apresente a elas minha lista de verificação. Seu objetivo é obter um retrato mais realista de como será seu futuro emprego. E lembre-se dos resultados de seu Teste de Estresse Diário, apresentado na introdução do livro. Se as pessoas lhe disserem que o estresse aumentou depois da promoção, verifique como é o dia a dia do trabalho para compreender o motivo. Certifique-se de que seus objetivos para o cargo ao qual será promovido estejam alinhados às suas necessidades psicológicas.

A *entrevista*

Neste capítulo, apresentei muitos dados sobre os lapsos de comunicação entre os tomadores de decisão que concedem as promoções e as pessoas que aspiram a elas. Adote como estratégia de entrevista a hipótese de que você provavelmente não sabe muita coisa sobre o que ocorre nos bastidores das decisões de promoções. Encare a entrevista como uma oportunidade de encontrar evidências que refutem essa hipótese. Para orientá-lo nessa sondagem, eis aqui uma lista de perguntas:

PODE ME DIZER SE HÁ UM PROTOCOLO PARA SELECIONAR
E ANALISAR CANDIDATOS?

Recomendo essa questão sob várias formas ao longo do livro. Para os Segundos Colocados, o objetivo é ter alguma clareza referente à "caixa-preta da competitividade" mencionada na segunda etapa — muitos Segundos Colocados não fazem ideia de quão pouco determinado cargo é oferecido. Você pode obter o emprego agora, mas a pergunta acima lhe proporcionará uma percepção sobre a probabilidade de conseguir uma futura promoção. Questões específicas, como "Há regras para a tomada de decisão sobre quem é elegível para promoção, como por exemplo tempo de serviço na empresa?", mostram que você está pensando a longo prazo. E questões como "Há regras que estabelecem quais gerentes podem promover alguém ou todos os elegíveis partem de um mesmo patamar, independentemente do gerente?" são importantes se você está pensando em virar gerente um dia (e em saber como o status de seu gerente influenciará seu futuro).

As empresas devem ser capazes de informá-lo como são seus processos de contratação e promoção. Em minha área, a procura por professores universitários é comum. Dispomos de um protocolo e eu o compartilho de bom grado com qualquer um que me peça. Também há regras sobre quem é elegível para uma promoção a professor com estabilidade (todo mundo que trabalha há cinco anos deve ser considerado) e a professor titular (você pode optar por não ser promovido, mas, com algumas exceções, precisa ocupar o cargo de professor associado por cinco anos no mínimo). Essas coisas não devem ser tratadas como confidenciais pela empresa. Sem a implementação de processos claros, há muitos riscos de que as decisões de promoção sejam impactadas por vieses. Fatores como gênero, raça e parentesco com a chefia (fatores que não são indicadores de status baseado no prestígio, como vimos) podem influenciar quem recebe a promoção. Embora eu fale sobre como tais fatores podem determinar quem terá status na equipe, eles também podem influenciar quem fará parte da equipe.

COMO É O PROCESSO DE FEEDBACK APÓS UMA PROMOÇÃO FRACASSADA OU BEM-SUCEDIDA?

Durante a entrevista, faça perguntas específicas sobre o processo de feedback. Pergunte como e quando os gerentes e chefes dão feedback e como ele funciona. Respostas do tipo "Se você não foi selecionado, esperamos que seu gerente lhe explique o motivo" são sinais de alerta. Se esses gerentes não forem responsáveis por lhe fornecer feedback, ou se não houver diretrizes para assegurar que o feedback seja específico e útil, você está dando muita sopa para o azar.

AS HABILIDADES DE QUE NECESSITO PARA O PASSO SEGUINTE SÃO UMA EXTENSÃO NATURAL DAS HABILIDADES DE QUE PRECISAVA PARA SER BEM-SUCEDIDO NESSA FUNÇÃO, OU SÃO DE UM TIPO DIFERENTE?

Muitas pessoas são promovidas sem dispor das habilidades necessárias para ter sucesso em seu novo cargo. Nesse caso, a promoção não é uma oportunidade, mas um choque — uma enorme mudança no ambiente de trabalho em que há novas regras para ser bem-sucedido, e o status que você tinha quando assumiu a função deixa de ter relevância. Como suas habilidades (ou redes de contato) já não são mais tão úteis em seu novo cargo quanto eram no antigo, as pessoas nessa situação enfrentam muita dificuldade não só para ter um bom desempenho, mas também para conservar o status no emprego. Consequentemente, muitos adotam o microgerenciamento. Quando não sabemos o que fazer na nova função, microgerenciamos quem ocupa nosso antigo cargo.

Naturalmente, haverá novas habilidades que você precisará adquirir após ser promovido. Mas nenhuma delas deve pegá-lo de surpresa em seu primeiro dia na nova função. Cabe ao empregador determinar o processo de desenvolvimento de habilidades *antes* de promovê-lo, não depois. Ela deve contar com um processo para identificar rapidamente funcionários com potencial e começar a prepará-los. No seu caso, isso pode se traduzir em monitorar pessoas em seu futuro cargo ou realizar cursos de treinamento incluídos por sua empresa na jornada de trabalho. Seja qual for o processo, o entrevistador deve ser capaz de lhe falar sobre isso durante a entrevista.

POSSO ESTABELECER UM PLANO DE SUCESSÃO ANTES DE DEIXAR MEU CARGO ATUAL?

Como uma extensão natural da questão acima, pergunte se após a implementação do plano de promoção é possível a criação de um plano de sucessão antes que a pessoa deixe seu cargo atual. Os poucos Segundos Colocados em meu estudo que forneceram motivos adicionais para não serem promovidos mencionaram justificativas como "Sou caro demais para ser substituído", ou "Não há ninguém para fazer meu atual trabalho se eu for promovido". Se você é bom no que faz, talvez fracasse em ser promovido porque encontrar alguém para seu lugar seria dispendioso. E às vezes esse custo não fica imediatamente óbvio. Imagine, por exemplo, que você trabalha em vendas e atualmente gerencia uma equipe de cinco pessoas, cada uma gerando 20 mil por ano em vendas. Para a empresa pode ser muito mais difícil substituí-lo — alguém que sabe como treinar uma equipe para gerar receita — do que substituir um indivíduo que gera sozinho 100 mil por ano em vendas. O resultado final é o mesmo, financeiramente falando, mas as habilidades necessárias para chegar lá são diferentes.

Fique de olho nos sinais de alerta de que as pessoas são boas demais ou caras demais para serem substituídas, ou de que isso seja uma inconveniência grande demais. Você não quer assumir um cargo demasiado precioso, que com frequência é o motivo pelo qual as pessoas se sentem como Estrelas Subestimadas — tema do próximo capítulo.

QUARTA ETAPA: CONSEGUINDO O EMPREGO

O Segundo Colocado precisa mostrar que pensou com cuidado sobre as regras de tomada de decisão envolvendo promoções e potenciais obstáculos, e que ele não está apenas atrás de títulos de cargo nem decidindo sua procura com base nos benefícios.

Quando perguntei aos tomadores de decisão em meu estudo sobre as mudanças envolvidas em suas decisões de promoção, cerca de 31% relataram lidar com promoções que envolvem "responsabilidades completamente diferentes das que a pessoa tem no momento". Alguém escreveu que uma promoção implicava desde a análise de dados e o acesso aos fundos da empresa até o envolvimento nas operações de negócios. Outra escreveu que a promoção exigia que o candidato fosse um desenhista na prática e um tecnólogo arquitetônico envolvido nas decisões técnicas de design.

Por esse motivo, a seção sobre obter o emprego para o Sobrecarregado também é relevante. Grande parte dessa orientação, como comunicar seu plano para equilibrar múltiplas funções e estar preparado para responder à pergunta "Caso você assuma esse cargo, do que planeja abrir mão?", também é apropriada para o Segundo Colocado. Assim como a orientação que forneço para assegurar que suas diferentes funções no trabalho sejam integradas e "dialoguem entre si" no seu currículo. As pessoas precisam ver que você está dando passos sistemáticos, não apenas passando de uma coisa para outra.

Além disso, abaixo seguem três orientações a se ter em mente durante a entrevista.

Seja cauteloso quando perguntarem sobre seu preparo para determinada função

Ao longo do livro aconselhei-o a não exagerar suas habilidades e experiências e a explicar claramente o que você está preparado para fazer e em quais aspectos precisará de um pouco mais de orientação. Segundos Colocados muitas vezes querem impressionar o entrevistador com sua lista de realizações, mas uma cautela apropriada também revela moderação. Durante a entrevista, diga algo como: "Em geral me sinto preparado para assumir a responsabilidade pelas decisões técnicas de design, pois fiz X e Y no passado. Contudo, quando se trata da tarefa específica Z, adoraria receber algum treinamento extra. Pode me falar sobre essa oportunidade?". Esse tipo de pergunta é adequado se você estiver entre os 30% de pessoas que, após uma promoção, recebem funções completamente diferentes das que têm. Ninguém espera que você saiba fazer tudo. Os entrevistadores estão em busca de autopercepção sobre o tipo de coisas para as quais você se sente confortável em pedir ajuda.

Mostre que você fez sua pesquisa sobre aonde espera chegar na empresa específica que o está entrevistando

Recentemente, dei conselhos de carreira a alguém que havia elaborado cuidadosamente uma carta de apresentação e um currículo. Ele fez um ótimo trabalho em mostrar como suas contribuições para o balanço da empresa o tornavam indicado para treinar outros a fazer o mesmo. A seção de "retorno do investimento" dessa carta era excelente; ela destacava os resultados financeiros de seu trabalho.

Ele marcara uma entrevista e queria ajuda para se preparar. Perguntei-lhe algumas especificidades sobre o lugar para o qual estava sendo entrevistado, uma empresa de renome na Europa. "Quantos funcionários eles têm e, desses, quantos permanecem na empresa desde que foi criada, há dez anos?".

Ele ficou confuso. Passara um bocado de tempo focado em como comunicar seus sucessos, mas esquecera completamente de entrar no LinkedIn, descobrir quem trabalha na empresa e pesquisar o histórico profissional de cada um. Não sabia quantos (entre os trinta e tantos funcionários) haviam sido promovidos internamente nem quantos simplesmente ganharam um título de executivo-sênior.

Parece óbvio que você deveria pesquisar sobre a empresa para a qual está sendo entrevistado, mas os Segundos Colocados podem ficar tão obcecados em convencer o entrevistador de que estão à altura de uma promoção que são incapazes de assumir a perspectiva alheia e se esquecem de descobrir que caminhos outros trilharam no passado para ter sucesso. Essa pesquisa pode começar com uma rápida visita ao site da empresa ou à página dela no LinkedIn. Pequenos insights, como "Notei que cerca de metade das pessoas que trabalham aqui foi promovida internamente (com base nas alterações dos títulos em seus perfis). Isso é ótimo! Parece que sua empresa tem uma tradição de promoções", mostram que você fez sua lição de casa. Uma empresa vai querer promover alguém que demonstre ter investido energia nela.

É como ir a um encontro e mencionar pequenos detalhes sobre a pessoa, que você descobriu com um amigo que providenciou o encontro ou pelo perfil dela no aplicativo de namoro. Ninguém gosta de alguém que fala de si o tempo todo. Diga coisas como: "Fiquei sabendo que você morou em Hong Kong por dois anos. Parece muito legal!". Isso demonstra interesse. E, assim como em encontros, numa entrevista os detalhes funcionam muito bem. Não é preciso ter decorado tudo sobre a empresa.

Pense em formular uma iniciativa paralela ou a mudança para um cargo abaixo, caso se decida por isso

A certa altura da carreira, Subbu estava tão esgotado que decidiu mudar para um emprego que exigisse menos responsabilidade. Ele se sentia sobrecarregado na startup onde trabalhava, assumindo as funções de uma dezena de pessoas ao mesmo tempo. Havia sido promovido a um cargo importante, mas o estresse não valia a pena.

Assim, concluiu que para ter o trabalho que realmente queria precisaria regredir um pouco antes de progredir. Nada mais de startups, apenas empresas bem estabelecidas. Mas, por ser tão experiente e bem-sucedido, nenhuma delas se convenceu de que ele permaneceria em um cargo de menor status.

Após passar pelas etapas um e dois, você pode perceber que para ser promovido precisará ocupar cargos inferiores. Ou, como Subbu, que o status do cargo importa menos do que o tipo de empresa na qual espera trabalhar e o tipo de trabalho que espera fazer. Subbu teve de convencer essa empresa, que demorou várias semanas para tomar uma decisão, de que ele não sairia na primeira oportunidade. E grande parte dessa persuasão se resumia a discutir como seria sua trajetória profissional ali dentro. Ele comunicou seu plano para progredir na carreira e solicitou feedback sobre sua ideia de uma linha do tempo desse progresso para ter certeza de que não estava fora da realidade.

Dificilmente um Segundo Colocado pensa em convencer o gerente de contratação de que ele permanecerá em um cargo de menor status do que o atual à espera de uma promoção bem-sucedida. Comunique que você não está aceitando o cargo por desespero ou porque o mercado está difícil. Afirmações como "Sei que esse cargo envolve menos poder de decisão e uma remuneração menor do que a que recebo atualmente, mas estou pensando a longo prazo. Meu plano é chegar ao cargo X após ter conquistado as habilidades Y, que ainda não domino" devem aplacar as apreensões do entrevistador.

LIÇÕES DE CARREIRA

PRIMEIRA ETAPA:

- Segundos Colocados dificilmente recebem um feedback claro e consistente sobre suas falhas; até os responsáveis por contratar e demitir relatam que esse feedback é pouco frequente.

- Obtenha respostas para três importantes questões: 1) sei de quanto status usufruo no trabalho?; 2) passei por algum choque em meu ambiente de trabalho (uma mudança súbita em quem tem status e quem não tem)?; 3) há barreiras estruturais para a promoção no lugar onde trabalho?

SEGUNDA ETAPA:

- Use sua rede de contatos para responder à pergunta: "Para ser competitivo, preciso ocupar funções que pulei?".

- Investigue a disponibilidade de um cargo perguntando quantas pessoas consideradas competitivas para ele acabam por obtê-lo.

TERCEIRA ETAPA:

- Quando estiver procurando emprego, não se atenha aos títulos dos cargos.

- Crie uma lista de eventuais mudanças após uma promoção (boas e ruins), de modo que você possa estar preparado não só para o que pode melhorar em sua vida, como também o que pode piorar (como seu bem-estar).

- Utilize o processo de entrevista para obter clareza sobre os obstáculos que você pode enfrentar para uma eventual promoção. Pergunte: qual é o processo de feedback após um fracasso? Há alguma medida implementada para estabelecer um plano de sucessão caso eu deixe meu cargo atual?

QUARTA ETAPA:

- Mostre moderação durante a entrevista, comunicando não só o que você já é capaz de fazer, como também no que gostaria de receber treinamento.

- Vá preparado para a entrevista munindo-se de informações sobre a empresa. Pequenas coisas, como saber quantos executivos são promovidos internamente, demonstram seu comprometimento com a organização.

5. As Estrelas Subestimadas

Considerando minha contribuição no trabalho, sou mal remunerado e pouco valorizado

Quando sentei para escrever este capítulo final, achei difícil decidir por onde começar. Quem, entre todas as pessoas que eu entrevistara, personificava à perfeição a Estrela Subestimada? Seria David, o experiente biólogo que faz pesquisa de ponta há vinte anos mas, na última década, não recebeu nenhum aumento superior à inflação? Ou a CFO (diretora financeira) Christine, figura indispensável no escritório e que passa tanto tempo resolvendo conflitos entre seu chefe e a equipe quanto realizando o trabalho para o qual foi contratada?

É difícil escolher entre as estrelas que conheci e entrevistei principalmente porque a maioria delas não aceita muito bem o rótulo de "estrela". Escutei com frequência coisas como "Você quer me entrevistar para *qual* capítulo?" ou "Ah, esse não sou eu. Quem se considera uma coisa dessas?".

Referir-se a si mesmo como Estrela Subestimada exige certa dose de arrogância — nem todo mundo aprovou o primeiro termo, "estrela", embora a maioria tenha concordado com "subestimada". Mas meu maior problema foi convencer esses profissionais de excelente desempenho que eles eram de fato estrelas, bem como subestimadas. Mesmo aqueles que não conheciam um aumento real em décadas — que eram recompensados por seu trabalho duro com mais trabalho — hesitaram um pouco quando sugeri que fossem tanto uma coisa como outra.

Muita gente que se enquadra nessa categoria não se dá conta da singularidade de suas aptidões — não sabem que são "estrelas". Suas habilidades muitas vezes são subvalorizadas no mercado. Pouquíssimos engenheiros, por exemplo, são contratados por alguma qualidade interpessoal, como ser bom na resolução de conflitos. Mas os que se mostram bons nisso exercem enorme impacto no que diz respeito a rotatividade e engajamento. Essa habilidade raramente é medida ou documentada porque é difícil de ser captada e seus efeitos sobre o desempenho normalmente são indiretos.

Outros sabem o valor de suas próprias habilidades (assim como seus chefes), mas elas são tão especializadas que se a pessoa fosse promovida não haveria ninguém para substituí-la. A organização valoriza esses funcionários, mas os põe contra a parede.

E finalmente há aqueles tão acostumados com essa situação que esquecem como é a sensação de não ser subestimado. São como um cônjuge que cuida de todas as tarefas domésticas há tanto tempo que não consegue imaginar como seria chegar em casa e encontrar o jantar pronto e servido. Muitos que se enquadram nessa categoria ficam entorpecidos com a quantidade desproporcional de trabalho que fazem em comparação aos outros, com frequência por anos a fio.

Os outros perfis mencionados neste livro conseguem descobrir, com alguma autoanálise, em que categoria se encaixam — se estão de fato Em Crise de Identidade e querem mudar de carreira, se se sentem Sobrecarregados por desempenharem funções demais ou Distanciados de seu trabalho porque ele mudou tanto que ficou irreconhecível. A potencial Estrela Subestimada precisa investigar um pouco mais a fundo antes de estar preparada para a primeira etapa. Admitir o rótulo é em si uma forma de autoanálise. Para ajudá-la a ter um ponto de partida, comecemos por algumas definições claras.

O que constitui uma Estrela Subestimada e como saber se sou uma delas?

Antes de mais nada, tratemos da palavra "estrela".

No capítulo anterior, "O Segundo Colocado", expliquei a importância de identificar seu status no trabalho. Em que consiste, por que é importante saber de quanto você usufrui e como obter mais. Uma das razões pelas quais as Estrelas Subestimadas relutam em aceitar que são de fato "estrelas" é porque não ocupam o topo da hierarquia. Elas não fazem parte da diretoria, não são as mais bem remuneradas e não ficam nas melhores salas. E, certamente, não recebem todo o respeito e a admiração dos demais. As pessoas nem sempre lhes dão a devida atenção (ainda que devessem), tampouco pedem sua opinião nas reuniões.

Ter status no trabalho não é um critério para se rotular como estrela. Estrelas vêm nas mais variadas formas e muitas não desfrutam de status algum (daí a parte subestimada). Muitas trabalham em organizações que não utilizam um modelo baseado em prestígio para atribuir status; nessas organizações, as ligações familiares com o chefe ou a formação em uma faculdade de prestígio são mais valorizadas do que possuir habilidades relevantes para o trabalho.

A meu ver, uma estrela na profissão compreende três componentes: 1) ter uma habilidade relevante para o ambiente de trabalho, a qual, quando aplicada, impacta o desempenho diretamente (um jogador de basquete hábil em fazer cestas de três pontos) ou indiretamente (alguém que traduz os e-mails confusos do chefe em instruções claras para a equipe); 2) essa habilidade é rara: se todos os jogadores de basquete fossem bons nos arremessos de três pontos ou todos compreendessem o que o chefe quis dizer em seus e-mails, tais habilidades não seriam raras; 3) é preciso ser melhor nessa habilidade do que os demais: ter uma média de acertos em cestas de três pontos mais elevada; entender todos os e-mails confusos do chefe, em sua totalidade.

O terceiro critério é compreensivelmente o mais difícil de avaliar e constitui um dos maiores desafios para a pessoa classificar a si mesma como estrela. Ele exige um pouco de investigação, da mesma forma que descobrir sobre o próprio status. E, em minhas conversas com eventuais estrelas, é nesse ponto que a maioria se equivoca. Elas têm uma habilidade rara, sabem disso, mas fazem uma estimativa exagerada sobre como executam bem essa habilidade em comparação aos demais. Na segunda etapa, ajudarei você a obter respostas sobre como descobrir sua posição em relação aos outros — tanto em seu trabalho atual quanto no mercado de um modo geral.

Como medir meu próprio status de estrela?

Comece realizando o Exercício das Três Coisas apresentado no capítulo "Em Crise de Identidade".

> **Exercício das Três Coisas**
>
> 1. Pense em uma das tarefas que você executa no trabalho.
>
> 2. Que habilidade é necessária para executá-la?
>
> 3. Em que contexto você a executou?

No capítulo "Em Crise de Identidade", utilizei esse exercício para ajudá-lo a desenvolver uma lista de habilidades preserváveis ao passar por uma grande mudança na carreira. Podemos utilizá-lo aqui para avaliar se alguma habilidade específica sua está relacionada a seu status de estrela. Realize o exercício cinco vezes, com cinco habilidades, tarefas e contextos.

A seguir, para cada habilidade relatada, responda às três perguntas abaixo:

> 1. Essa habilidade impacta seu desempenho no trabalho, direta ou indiretamente?
>
>   ❏ Sim   ❏ Não
>
> 2. Quantas pessoas no trabalho possuem essa habilidade?
>
>   ❏ Quase ninguém   ❏ Muitas
>   ❏ Poucas   ❏ A maioria
>   ❏ Algumas
>
> 3. Como você se considera em relação aos colegas que também possuem essa habilidade?
>
>   ❏ Muito pior   ❏ Um pouco melhor
>   ❏ Um pouco pior   ❏ Muito melhor
>   ❏ Mais ou menos igual

A seguir, vejamos cada um dos critérios.

Primeiro critério: a habilidade impacta meu desempenho no trabalho

Uma centena de pessoas para quem passei esse exercício "sentiam que eram subestimadas no trabalho e que sua remuneração ou a forma como eram tratadas não condiziam com sua contribuição". Assim como instruí você a fazer, elas realizaram o exercício cinco vezes, enumerando cinco diferentes habilidades. Em média, relativamente às cinco habilidades, cerca de 72% delas impactavam o desempenho no trabalho, direta ou indiretamente. A maioria das pessoas nessa etapa é candidata a Estrela Subestimada. Mas, como mostrarei em breve, você precisa satisfazer todos os três critérios para ser uma verdadeira Estrela Subestimada.

Se você respondeu afirmativamente à questão do desempenho, pergunte-se a seguir: "*Como* cada habilidade está associada ao desempenho?".

Perguntei isso aos indivíduos em meu estudo e eles foram muito bons nisso, mesmo quando a ligação entre a habilidade e o desempenho não era óbvia. Por exemplo, uma pessoa analisa dados de expressão gênica (a tarefa) usando a habilidade de "conhecimento em bioinformática". Ela relatou que o "conhecimento em bioinformática impacta diretamente meu desempenho no trabalho ao me permitir processar e interpretar efetivamente dados genômicos complexos, algo crucial para entender a base genética do câncer e desenvolver terapias dirigidas. Além disso, contribui indiretamente para o sucesso da instituição ao facilitar a tomada de decisões baseada em dados e promover nossos esforços de pesquisa na luta contra o câncer". Adoro a abrangência dessa resposta; ela não só capta a influência local da habilidade no desempenho (desenvolver terapias dirigidas), como também a influência global (promover esforços de pesquisa na luta contra o câncer).

Consideremos outro exemplo claro e também simples. O caixa de uma loja relatou que sua habilidade de "rapidez e eficiência" impacta o desempenho no trabalho porque, se ele não for eficiente, "formam-se filas, e clientes insatisfeitos prejudicam outros clientes que ainda estão fazendo compras, fazendo com que mais clientes insatisfeitos deixem de ser atendidos, e assim o ciclo continua". Essa pessoa articulou claramente como a falta de eficiência leva a esse problema iterativo de fregueses irritados na loja.

Conforme você pensa em suas respostas, quais são os custos de executar mal sua habilidade? Se fizesse um trabalho ruim, quem seria impactado? Assim como o funcionário da loja, sua resposta poderia ser "todos ao meu redor". Ou, como o analista genético, "toda a pesquisa oncológica". Compreender a abrangência também é importante quando pensamos em nosso próximo emprego.

Segundo critério: a habilidade é rara

Quantas habilidades suas são consideradas raras no lugar onde você trabalha? Pode ser difícil avaliar a singularidade de sua aptidão no mundo em geral, mas você provavelmente faz alguma ideia de como se distingue dos outros no trabalho. Entre as cinco habilidades, cerca de 11% dos indivíduos relataram que "quase ninguém" tinha sua habilidade; outros 18% disseram que poucos a possuíam. Esses dois grupos — totalizando 29% da amostra — são candidatos a Estrelas Subestimadas com base no segundo critério. Todos os demais (algumas, muitas, a maioria das pessoas) compunham os 71% restantes.

Terceiro critério: sou melhor do que outras pessoas nessa habilidade (rara)

Agora vejamos o critério final para ser uma estrela: se você é melhor do que outros em sua habilidade. Cerca de 70% das pessoas em meu estudo relataram ser um pouco (35%) ou muito melhores (outros 35%) do que os demais no ambiente de trabalho. Considerando que a maioria experimenta o efeito da superioridade ilusória, esses dados não surpreendem. Existem com certeza alguns vieses em ação (apenas 4% das pessoas afirmaram ser "muito piores" ou "um pouco piores" do que as outras).

Juntemos esses três critérios para avaliar seu status de estrela

Não é necessário satisfazer todos os três critérios em cada habilidade para se qualificar como estrela, mas você deve satisfazer todos os três em pelo menos uma delas. Avaliei o status de estrela de cada uma das cinco habilidades relatadas pelas pessoas. Atribuí a uma habilidade o status de estrela se ela satisfizesse três coisas: 1) as pessoas relataram que a habilidade é relevante para o desempenho; 2) que "quase ninguém" ou "poucas pessoas" tinham a habilidade; 3) e que elas eram "um pouco melhores" ou "muito melhores" na habilidade do que as demais pessoas no trabalho.

Quantas habilidades suas atendem os critérios da Estrela Subestimada?

Em média, 19% das habilidades que as pessoas relataram em meu estudo se qualificavam como habilidades de estrela, na medida em que cumprem todos os três critérios. Curiosamente, porém, cerca de 48% das pessoas se qualificam como Estrela Subestimada — elas têm pelo menos uma habilidade de estrela que satisfaz todos os três critérios. A maioria de nós provavelmente é uma Estrela Subestimada em uma capacidade muito limitada. Temos cerca de uma única habilidade de estrela que nos diferencia.

A essa altura você pode estar pensando: "Talvez eu não seja essa estrela toda que estou achando que sou". Nesse caso, peço que continue a leitura. Você ainda precisa aprender como suas habilidades se comparam às dos outros em sua área.

Em que sentido sou subestimado no trabalho?

Agora vejamos de que maneiras as pessoas se sentem subestimadas no trabalho.

As formas mais comuns desse sentimento recaem em três categorias: 1) a remuneração; não lhe pagam o suficiente ou você não recebe benefícios financeiros; 2) as oportunidades, isto é, você não está no rumo certo para uma promoção ou não recebeu as chances de treinamento certas em conferências e reuniões importantes para criar suas redes de contato; 3) o status social, ou seja, você não desfruta do respeito e da admiração que seriam dedicados a uma estrela, as pessoas não o escutam tanto quanto deveriam, você não exerce influência suficiente sobre as decisões ou não é colocado em comitês importantes que o ajudam a progredir — papéis que rotulei como de "visibilidade", nos dois últimos capítulos.

Forneci às cem pessoas subestimadas em meu estudo uma lista de quinze dimensões nas quais se sentiam pouco valorizadas (algumas delas você vai reconhecer da Lista de Mudanças no capítulo "Os Segundos Colocados"). Para cada uma, elas responderam: "Considerando minhas habilidades, eu deveria receber mais...", com a opção de assinalar quantas quisessem. Eis essa lista. Você pode começar assinalando todas que se aplicam.

LISTA DE DESEJOS DE APRECIAÇÃO

1. Soma de responsabilidades.

2. Oportunidades de liderança.

3. Oportunidades de treinamento.

4. Oportunidades de promoção.

5. Número de pessoas que superviziono.

6. Responsabilidades de liderança.

7. Flexibilidade nas horas de trabalho.

8. Autonomia na quantidade de viagens.

9. Respeito dos colegas.

10. Respeito dos chefes.

11. Equilíbrio entre a vida profissional e pessoal.

12. Autonomia em minha agenda.

13. Autonomia de horas trabalhadas.

14. Autonomia para decidir onde trabalhar.

15. Influência sobre as decisões.

A seguir vem a parte difícil. Ordene sua lista de desejos, do mais importante para o menos. No capítulo "Os Distanciados", ajudei-o a desenvolver uma lista de preferências no trabalho: "imprescindíveis", "seria bom se tivesse" e "estou disposto a abrir mão". Utilize esses princípios aqui. Seja honesto consigo mesmo sobre os pontos inegociáveis e aqueles nos quais está disposto a ceder. Você provavelmente não obterá tudo que deseja nessa lista, mas ordenar as prioridades o ajudará na quarta etapa, sobretudo depois que tiver uma ideia de seu valor no mercado e souber o que a empresa tem a oferecer.

Em meu estudo, as cinco dimensões mais comuns são remuneração (91%), oportunidades de promoção (65%), oportunidades de liderança (35%), respeito dos chefes (36%) e — empatados em quinto lugar — respeito dos colegas (31%) e influência sobre as decisões (31%).

À parte a remuneração, o que as pessoas esperam do trabalho é mais status. Querem ser respeitadas (pelos chefes e colegas) e ter influência.

Quando você estiver à vontade com o rótulo de Estrela Subestimada e fizer uma ideia do que quer, é hora de passar à primeira etapa: por que está onde está.

PRIMEIRA ETAPA: POR QUE ESTOU INFELIZ?

Ao investigar essa questão, percebi que quase todo mundo que entrevistei para este capítulo tinha um motivo diferente para se sentir infeliz. Uma pessoa sentia que a maior parte de seu trabalho era invisível para o chefe porque trabalhava remotamente; outra achava que por mais que o chefe quisesse aumentar seu salário, a empresa tinha uma política refratária a aumentos, a menos que ela recebesse uma oferta de uma concorrente. Os motivos são diversos, mas podem ser categorizados em duas dimensões: 1) até que ponto seu conjunto único de habilidades é reconhecido pelos colegas; 2) em que nível você é subestimado.

Comecemos pela primeira dimensão.

Meu ambiente de trabalho reconhece minhas habilidades?

Pense em quantas pessoas no trabalho reconhecem que você tem um conjunto de habilidades único. Se você tiver algo em comum com os participantes de meu estudo, a resposta será "nem tantas quanto deveriam". Em minha amostragem, cerca de 54% das habilidades eram reconhecidas pelos colegas e 55% pelos chefes. Mas, em cerca de 26% do tempo, ninguém reconhecia as habilidades das pessoas. É muita coisa para ser ignorada.

À medida que você passa por esse processo, pergunte duas coisas: meu trabalho ocorre principalmente nos bastidores ou é visível para os outros?

E, se for visível, quem o enxerga: outros membros da equipe ou algum superior? Entre as cinco habilidades relatadas pelas pessoas, cerca de 62% são demonstradas diante dos colegas, 52%, diante dos chefes. Cerca de um quarto das habilidades das pessoas não é demonstrado diante de ninguém. Há muitas tarefas solitárias sendo realizadas no ambiente de trabalho hoje (e o trabalho remoto exacerba esse problema).

A maioria de nós experimenta um efeito holofote na vida profissional — presumimos que as pessoas estão prestando atenção no que fazemos, que nossos chefes percebem quando realizamos um bom trabalho (mesmo que não estejam por perto para testemunhá-lo). Mas não estão, e você pode ajudar a romper com seu próprio viés fazendo estas duas perguntas: quem testemunhou o trabalho? Quem o reconheceu?

Há várias razões para as habilidades passarem despercebidas e não serem reconhecidas. No capítulo "Em Crise de Identidade", apresentei o leitor a Timothy, que, como a Estrela Subestimada, tem um conjunto de aptidões que o diferencia. Ele é o único capaz de encontrar determinadas soluções integrativas para os problemas, mas ninguém reconhece sua habilidade. A maioria das pessoas não está por perto para testemunhá-la em ação e não há um método implementado para documentar a qualidade de seu trabalho (que utiliza um sistema de tickets para determinar se o pedido foi atendido ou não). Seu chefe vive apagando incêndios, assim eles raramente têm tempo para reuniões de feedback. Essa combinação fatal — trabalho invisível e não reconhecido — faz dele um exemplo perfeito de como pode ocorrer a falta de valorização.

Peguemos nosso Exercício das Três Coisas e acrescentemos essas duas questões a cada habilidade:

4. Quem reconhece que você tem essa habilidade?

❏ Colegas ❏ Ninguém
❏ Chefes ❏ Outros

5. Diante de quem no trabalho você desempenha essa habilidade?

❏ Colegas ❏ Ninguém
❏ Chefes ❏ Outros

Embora o reconhecimento de suas habilidades por parte dos colegas seja importante para o status na equipe, o reconhecimento do chefe e outros superiores é inequívoco para promoções, remuneração e a devida apreciação esperada pela maioria das estrelas. Se ninguém o vê desempenhando sua habilidade, será uma dura batalha fazer com que ela seja reconhecida. Embora não seja um fator determinante — boa parte das contribuições independentes se enquadra nessa categoria —, deve haver um sistema que monitore isso. Timothy, por exemplo, dava tudo de si nas reuniões individuais com quem enviasse algum ticket (perguntando no que mais precisavam de ajuda, além do que estava no ticket). Os clientes valorizavam sua contribuição, mas não havia um mecanismo para registrá-la ou sequer transmitir feedbacks sobre Timothy para seu chefe. Seu trabalho duro era valorizado, mas não pelas pessoas certas.

Em que nível somos subestimados?

A seguir, pense em que nível alguém pode ser subestimado. Utilizo quatro categorias, ordenadas da maior (que abrange quase todo mundo) à menor: o mercado, sua empresa, seu cargo e suas relações interpessoais no trabalho. Vejamos cada uma delas.

O MERCADO

Num nível mais abrangente, há o mercado. Imagine que, em seu trabalho, seja qual for, seu conjunto de habilidades não é tão valioso quanto você pensa que é ou quanto costumava ser, como quando qualquer um com essas habilidades está passando por maus bocados. O advento da inteligência artificial (IA), por exemplo, levou a uma desvalorização em massa do trabalhador. O diretor executivo da IBM anunciou que 30% dos cargos de *back office* (os serviços administrativos, que não envolvem interação com o cliente) seriam substituídos pela IA.[1] As pessoas (ainda) não vão ser demitidas dessas funções, mas o desgaste não será atenuado com novas contratações. Outras empresas estão seguindo seus passos.[2]

Se está ocorrendo uma guinada no mercado relativa à prioridade e à demanda de suas habilidades, provavelmente não é só sua empresa (ou seu chefe) que insufla sua sensação de ser subestimado. Cerca de 44% dos meus entrevistados relataram que "antigamente o mercado costumava valorizar mais minhas habilidades", e 48% afirmaram que "em minha área, pessoas com as minhas habilidades costumavam ganhar bem mais".

Uma boa porcentagem sente-se cada vez menos valorizada pelo mercado em geral.

SUA EMPRESA

A seguir, vem a empresa onde você trabalha. O mercado talvez valorize sua habilidade, mas você trabalha num lugar onde a remuneração, a promoção ou outros benefícios são determinados por uma série de regras que não estão relacionadas (apenas) com seu status de estrela. Cerca de 33% dos indivíduos em meu estudo concordaram que "há políticas sobre aumentos salariais na empresa onde trabalho que se aplicam a todo mundo, independentemente de sua função". Subbu, que mencionei no capítulo dos "Segundos Colocados", enfrentou esse problema. Ele precisava de uma combinação de fatores para seu aumento ser levado em consideração: um chefe com autoridade (caso de também 47% das pessoas em meu estudo) e um limite mínimo de tempo de serviço na empresa (64% da minha amostra). Essas políticas se aplicam a todo mundo, e Subbu, com seu status de estrela, não era exceção.

Algumas empresas adotam uma política de dar aumentos apenas àqueles que receberam alguma oferta competitiva (esse é o caso de onde eu trabalho, bem como de 24% das pessoas em meu estudo). Você pode ser uma estrela, mas se não houver ninguém de olho em você, ganhará o mesmo que os funcionários de baixo desempenho. E, é importante lembrar, algumas empresas não dispõem dos recursos para pagar seu salário nem se quisessem (24% das pessoas em meu estudo) — ninguém recebe aumento porque a empresa não tem condições de arcar com isso.

SEU CARGO

Em seguida, deve se levar em consideração a posição que você ocupa. Um dos motivos mais dramáticos para as Estrelas Subestimadas é quando elas ocupam um cargo valioso no trabalho — elas mandam tão bem no que fazem que seu chefe tem medo de transferi-las. Zoe, a estrela das vendas a que me referi em "Os Segundos Colocados", tinha um cargo valioso. Ela contava com uma rede de contatos rica em sua região e muitos clientes fiéis, o que contribuía para seus resultados excelentes. Seu chefe relutava em promovê-la não só por ela não ter conexões "amplas" em todo o país, mas também por ela ser uma das únicas vendedoras com clientes que sempre voltavam a procurá-la. A perda desses clientes fiéis representaria um abalo na receita da empresa. Cerca de 22% das pessoas em meu estudo não foram promovidas porque "não há ninguém para me substituir em meu atual papel", e 23% porque "me substituir fica caro demais". Cerca de um quarto das pessoas que entrevistei ocupa um cargo valioso no trabalho.

SUAS RELAÇÕES INTERPESSOAIS

E, finalmente, podemos ser subvalorizados em um nível interpessoal. Imagine que, como Christine, seu chefe depende de você para se comunicar com a equipe. Você é a liga do escritório, sem você o lugar iria por água abaixo. Seu chefe sabe disso — e provavelmente passa por sua sala dez vezes por dia para pedir alguma ajuda — e não tem a menor intenção de perder um funcionário tão útil. Ou imagine que você tem o problema oposto — um chefe que reconhece suas habilidades, mas o vê como um concorrente, tem medo de um dia ser passado para trás por você, e então o sabota ou minimiza seu desempenho para os outros líderes.

Razões interpessoais para não progredir eram comuns em minha amostra. Cerca de 39% das pessoas acham que não foram promovidas porque "mantêm a equipe unida"; 44% porque "carregam o piano para a equipe"; 38% porque o gerente "depende de mim para resolver conflitos com a equipe"; e 29% porque "administro os conflitos entre meu chefe e a equipe". E, enfim, 32% porque "o gerente confia em mim para fazer seu trabalho por ele". Um terço das pessoas em meu estudo acredita estar fazendo o trabalho de seu gerente e acha que é por isso que ficam a ver navios.

No total, entre um terço e metade das pessoas consegue identificar a dinâmica interpessoal responsável por impedir seu progresso na carreira.

Agora que tenho uma ideia do nível em que não ocorre minha valorização, o que faço?

Em meu estudo, as pessoas podiam assinalar quantos motivos quisessem para explicar por que eram subestimadas no trabalho. O problema é que havia um bocado deles. Você provavelmente fez o mesmo. E tais razões com certeza abrangem os quatro níveis. Mas a boa notícia é que quase todos os motivos pelos quais você é subestimado são detectáveis na fase de entrevistas, se você fizer as perguntas certas. Antes de aceitar um emprego, você pode descobrir se há regras para a promoção na empresa. E pode fazer uma rede de contatos com os atuais funcionários para descobrir se há barreiras nos níveis do cargo e das relações interpessoais que o impedirão de ser valorizado nas dimensões que são importantes para você. Fazer as perguntas certas durante a segunda e a terceira etapas pode ajudá-lo a detectar (e evitar) a probabilidade de se ver mais uma vez em uma situação em que seja subestimado.

SEGUNDA ETAPA: O QUE ESPERO DE MINHA FUTURA CARREIRA?

Na primeira etapa, você coletou dados sobre quem reconhece (ou não) suas habilidades no trabalho e começou a compreender em que nível ocorre sua subvalorização. E também elencou as prerrogativas que orientarão sua busca de emprego.

Compreender tudo isso exige tempo e esforço. Se você ainda não tem respostas claras, não se preocupe: mesmo assim poderá passar à segunda etapa — saber o que esperar de sua futura carreira — antes de ter total clareza. Na segunda etapa, parto do pressuposto de que você tem grande identificação com sua carreira e planeja continuar nela. Mas se os exercícios da primeira o levaram a questionar esse pressuposto, leia o capítulo "Em Crise de Identidade". É preciso saber aonde você quer chegar antes de passar à segunda etapa.

Organizei essa etapa em torno de três grandes questões que você precisa se perguntar.

Com quem você está competindo?

Um dia desses eu estava conversando com Jamie, uma Estrela Subestimada da área jurídica que, como muitos em sua posição, perdera a paciência com a política salarial da firma onde trabalhava e estava à procura de um novo emprego. "Cuido da maioria dos casos e ninguém cobra tantos honorários quanto eu", ela me contou. "Além do mais, os clientes preferem fazer reuniões comigo do que com os demais sócios-juniores." Munida dessa estatística de ser "melhor do que os outros", ela imaginou que encontrar um emprego em um escritório maior (que pagasse mais) seria uma tarefa fácil. Mas não foi.

Jamie, como tantas pessoas em seu meio, foi vítima de um viés comum — ela optou por fazer comparações locais com outros em sua equipe e seu escritório e negligenciou comparações globais, se candidatando a seu emprego dos sonhos em outras firmas. Como discuti em "Os Segundos Colocados", seus verdadeiros concorrentes são uma reserva de talento ignorado. E para os gerentes de contratação, quando se trata de comparar candidatos, o contexto faz diferença.[3]

Para as Estrelas Subestimadas, contexto em geral significa a empresa para a qual você trabalha — reputação, tempo no mercado, tamanho e, antes de mais nada, o grau de dificuldade em obter um emprego ali. Tudo isso pode importar tanto quanto suas habilidades e realizações, se não mais. Vamos imaginar dois candidatos com realizações quase idênticas — Jamie em sua pequena firma e uma concorrente fictícia chamada Naia, também com bom desempenho em sua firma grande e tradicional. Há uma boa chance de que Naia obterá o trabalho, mesmo se não for o principal membro de sua equipe. Na verdade, ela talvez esteja entre os 20% dos principais funcionários em seu escritório, enquanto Jamie está entre os 5% principais. Para muitos empregadores, o peixe grande em um lago pequeno é com frequência uma opção menos atraente até do que um peixe médio em um lago médio.

Por quê?

Alguns acreditam que empresas de prestígio (aquelas que existem há muito tempo, têm um histórico de excelência e são difíceis de entrar) atraem candidatos de melhor qualidade do que as menos prestigiosas.[4] Presume-se que pessoas como Naia tiveram de superar uma concorrência mais difícil para obter seu emprego do que pessoas como Jamie. É um estereótipo, sim, mas guarda um fundo de verdade: firmas com mais reputação não só atraem mais candidatos, como também atraem candidatos mais qualificados.

Assim, é imprescindível que a Estrela Subestimada identifique as empresas anteriores dos demais candidatos, qual é a reputação delas e se essa reputação importa mais do que o desempenho ou outras métricas que consideramos importantes. Seu objetivo na segunda etapa é identificar seus pares relevantes. Procure o gerente de contratação de uma empresa na qual esteja interessado e pergunte: "Onde trabalhavam as últimas quatro pessoas que você contratou?". Você então obterá informações sobre a reputação de seus potenciais empregadores. Eles só contratam profissionais que já trabalharam em determinados lugares por terem confiança de que o candidato será de alta qualidade? Ou o que faz a diferença é onde as pessoas se formaram? O lugar onde a pessoa cursou direito é muito importante para seu primeiro emprego em uma firma de advocacia, da mesma forma que sua formação profissional inicial é importante para se tornar um chef ou cabeleireiro.

Você pode começar criando uma rede de contatos com profissionais em uma função equivalente à sua, mas que parecem estar numa situação melhor, segundo sua lista de verificação. A maioria dos profissionais bem estabelecidos conta com essas redes de contatos, mas, se não for o seu caso, verifique as seções de networking dos capítulos "Em Crise de Identidade" e "Distanciados" para algumas dicas.

Embora você possa ser ótimo em suas habilidades, será que "bom o bastante" é suficiente para a maioria das empresas?

Em suas conversas de networking, investigue se os lugares nos quais você quer trabalhar (ou sua área de um modo geral) dão importância às mesmas coisas que você.

Pode haver um problema de "retornos decrescentes" em relação às habilidades no trabalho — a certa altura você chega ao estágio de ser bom o bastante, mas as organizações não têm incentivo financeiro para contratar pessoas excelentes de fato. Sai caro para elas mudar de bom para excelente, e na maior parte do tempo a diferença de qualidade não afeta o balanço final.

Quando ajudo doutores recém-formados a obter um emprego não acadêmico, encontro esse problema com frequência. Meus alunos são estatísticos altamente treinados, estão no topo de sua área. Mas, para a maioria das vagas (mesmo as que exigem habilidades analíticas), não é necessário uma formação muito maior do que o mestrado. As poucas existentes (e que remuneram muito bem) em geral vão para profissionais com treinamento em engenharia da computação, não em psicologia. Tenho de lembrar os alunos de que suas comparações sociais relevantes são em geral candidatos com mestrado e um conhecimento rudimentar de estatística, não doutores em engenharia da computação. Eles geralmente se prendem ao ponto em comum de ter um doutorado, mas não é essa dimensão que importa, e sim o conjunto de habilidades. É uma perspectiva cínica, mas são raros os empregadores que avaliam os candidatos como um sommelier degusta safras raras, apreciando as pequenas diferenças entre os melhores dos melhores. Fazemos isso também em relação aos encontros românticos. Podemos querer namorar apenas pessoas de mais de um metro e oitenta, mas, se 20% das pessoas disponíveis tiver essa altura e apenas 1% foi mais alta, acabaremos cedendo.

A melhor maneira de descobrir se "bom o bastante" é o que a maioria das empresas procura é seguir as instruções que forneci para a questão anterior: observar os padrões das três ou quatro últimas contratações da empresa. Se você conhece alguém que está contratando para seu cargo, pergunte: "Um candidato em um nível abaixo de mim [no meu exemplo pessoal, alunos com mestrado] seria apto a essa função? Existe alguma razão para alguém com meu currículo ou conjunto de habilidades ter a preferência?". Deixe que sua rede de contatos dê uma explicação para o motivo de a empresa talvez querer um candidato mais qualificado. Que vantagem adicional ela obterá procurando por uma estrela? Para fazer isso, comece acessando sites de empresas ou páginas do LinkedIn e examine as experiências das últimas contratações. Durante a entrevista (ou na terceira etapa), encorajo você a pressionar um pouco o entrevistador nesse aspecto. O melhor preditor de um comportamento futuro é o comportamento passado; assim, se um empregador planeja romper com a tradição de contratar apenas alguém "bom o bastante" e abrir uma exceção para o seu caso, deve ser capaz de lhe explicar o motivo.

Se descobrir que todo seu setor mudou para um modelo do tipo bom o bastante, é hora de repensar sua estratégia de centrar sua busca em seu conjunto de habilidades de estrela. Considere em que sentido sua combinação de habilidades — não apenas uma delas isoladamente — o diferencia dos demais. Talvez Jamie, a advogada que era um peixe grande num lago pequeno, seja realmente boa em lidar com um tipo específico de cliente, e talvez sua habilidade resida em conquistar a confiança de clientes exigentes que demandam uma paciência infinita. Muitas vezes, uma combinação incomum de habilidades é o diferencial. Mas somente por meio do networking podemos descobrir até que ponto nossa combinação de habilidades é incomum e que tipo de "gente extraordinária" a empresa procura.

Você tem tolerância para aceitar um emprego que pode exigir mais do que o combinado?

A maioria das Estrelas Subestimadas é versada em assumir riscos, pois para chegar aonde estão elas necessariamente os assumiram. Mas, no momento em que você alcança o topo, pode sentir que sabe exatamente o que espera do trabalho e não estar disposto a aceitar um emprego com algumas incógnitas cruciais. Você passa a querer empregar suas habilidades, ter um bom desempenho e ser bem remunerado. É compreensível. Como alguém que odeia incertezas, me identifico com essa mentalidade. Mas vim a descobrir que todo mundo precisa assumir riscos na vida profissional, mesmo quem adquiriu todas as habilidades consideradas necessárias e desejáveis a fim de passar o restante da carreira em um território familiar. John Miles, um homem de muitas carreiras que entrevistei, atribui seus repetidos sucessos a um único fator: tolerância para assumir riscos em todas as etapas de sua carreira.

John, que se formou na Academia Naval dos Estados Unidos, foi bem-sucedido em tantas coisas diferentes que só de conversar com ele fiquei um pouco zonza. Ele tem um histórico ilustre como oficial naval e é um experiente executivo-sênior de primeiro escalão em empresas da Fortune 50. É autor de *Passion Struck*, apresenta um podcast alternativo de saúde homônimo que é líder de audiência e é um arrojado empreendedor de tecnologia. E isso é apenas parte de seu currículo.

Não é exagero dizer que John tem uma envergadura profissional considerável. Mas, quando conversamos, ficou claro que ele nunca aceitou a premissa de que seu status de estrela tivesse grande importância quando começava em um novo trabalho.

Perguntei-lhe o que mais atrapalha a vida profissional das pessoas de talento, e sem pestanejar ele respondeu que era o medo de correr riscos. "É muito comum recusar oportunidades únicas devido ao medo. Já ofereci ótimas colocações às pessoas, e elas em geral não embarcaram porque estariam fora de sua zona de conforto", ele me disse.

Quando alguém é de fato bom no que faz, aprender algo novo — e possivelmente fracassar nisso — pode parecer muito mais arriscado do que no momento em que estava no começo da carreira. A pessoa teme que seus fracassos fiquem sob os holofotes, que muito mais gente possa sofrer devido aos papéis de liderança que ela ocupa e nos quais pode falhar. Talvez sinta que por ser uma estrela não deveria enfrentar uma curva de aprendizado íngreme. E talvez ela tenha se acostumado a ser incrível em tudo que faz, certamente uma sensação viciante. Mas assumir certa dose de riscos não é ruim.

Nesse ponto, você precisa coletar dados sobre a probabilidade de que um novo emprego possa vir com alguns riscos imprevistos, e então refletir sobre sua tolerância a isso. Para certas pessoas, o risco vem na forma de assumir um novo papel de liderança no qual elas não têm experiência. Recentemente, fiz uma entrevista de emprego em que deixaram claro que eu ficaria encarregada da mentoria de todos os professores assistentes do departamento (havia pouca gente em condições de assumir esse cargo). Fiquei tranquila com esse nível de risco porque, embora nunca houvesse feito exatamente o que esperavam de mim, tinha experiência em funções similares. Algumas Estrelas Subestimadas, porém, recebem propostas totalmente fora de sua zona de conforto.

Para avaliar o potencial risco, pergunte a sua rede de contatos: "Com que surpresas você se deparou nessa função?". Formule suas perguntas como expliquei no exercício "Ninguém me contou que...", não na linha de "Que riscos você encontrou?". Nem todo mundo encara as surpresas como riscos — isso é algo que cabe a você determinar.

TERCEIRA ETAPA: APURANDO OS FATOS PARA VERIFICAR SE O TRABALHO É O IDEAL PARA MIM

Estrelas Subestimadas precisam ter certeza de que, se deixarem seu emprego atual, seus riscos calculados valerão a pena. De que não estão se metendo em uma nova aventura e assumindo um cargo cheio de potencial que nunca se materializa, fazendo-as voltar à condição de subestimadas. Nessa terceira etapa, mantenha a mente aberta mas fique com um pé atrás, fazendo perguntas estratégicas que o ajudem a prever os obstáculos que encontrará em sua trajetória.

O processo de entrevista

APRESENTE SUAS QUESTÕES SOBRE "NÍVEL DE SUBVALORIZAÇÃO" NAS ENTREVISTAS

Na primeira etapa, você trabalhou para compreender em que nível é subestimado — do mercado como um todo a seus relacionamentos interpessoais com seus colegas e seu chefe. Na segunda etapa, identificou os grupos de comparação relevantes para entender melhor os possíveis empregos que obterá. Munido desses insights, agora você pode usar as entrevistas para sondar os eventuais níveis de subvalorização que enfrentará.

A recrutadora Vannessa Borgran ajuda a encaixar pessoas em todo tipo de área — manufatura, tecnologia, vendas e marketing, entre outras. E quando se trata de fazer a pergunta crucial (mas potencialmente constrangedora) — "Como posso ter certeza de que meu trabalho não será subestimado nesse cargo?" —, ela recomenda sermos tão diretos quanto possível.

Perguntei a ela como lida com situações em que está tentando preencher um cargo notoriamente problemático — o chefe atrapalha o progresso dos funcionários ou falta apoio da liderança, por exemplo. Essas situações com frequência servem de sinais de alerta para a Estrela Subestimada. Vannessa me contou sobre uma vaga recente com esse perfil. O chefe tiranizava os funcionários (tinham de pedir permissão até para usar o banheiro) e a rotatividade era altíssima. Ninguém ficava ali por muito tempo, sobretudo as estrelas. As videoconferências entre ela e os candidatos eram gravadas, e assim ela não podia fornecer esse tipo de informação, a menos que lhe perguntassem.

Vannessa me disse que, se perguntarmos diretamente, receberemos respostas francas (os recrutadores têm uma reputação a zelar, então não vão mentir descaradamente). Para a Estrela Subestimada, isso significa questões como: "Por que estão contratando para essa posição e o que aconteceu com os últimos que a ocuparam?", "A empresa tem políticas gerais para determinar quem é elegível para oportunidades de promoção?", "Quantas pessoas da equipe desse chefe foram promovidas recentemente?".

Para ajudá-lo a começar sua lista, eis aqui questões a serem feitas durante as entrevistas, com base nos motivos para a subvalorização da primeira etapa:

1. A empresa tem políticas gerais relativas a aumentos que se aplicam a todo mundo, independentemente da função?

2. As pessoas precisam ter determinado tempo de serviço para serem elegíveis a um aumento?

3. As pessoas precisam receber uma oferta competitiva de outra empresa para conseguir um aumento?

4. Em que medida a influência de seu chefe é importante para você obter uma promoção ou aumento? (*Os entrevistadores devem ser capazes de lhe dizer que papel seu supervisor imediato desempenha no processo de promoção.*)

5. A empresa costuma dispor de verba para promover as pessoas regularmente?

6. Há um sistema implementado para assegurar que seu cargo seja preenchido se você for elegível para uma promoção?

7. Alguém já deixou de ser promovido por ser essencial demais à equipe?

8. Alguém já deixou de ser promovido por desempenhar um papel essencial em gerir conflitos, seja com suas equipes, seja entre seu chefe e a equipe?

Esse trabalho tem o tipo certo de risco para uma estrela?

Durante esse processo, você também deve fazer perguntas que o ajudem a decidir se está assumindo o tipo certo de risco para alguém que já é uma estrela. Muitas vezes há uma predisposição em acreditar que, devido a seu status de estrela em determinada dimensão, você pode facilmente atingi-lo em outra, mesmo que elas tenham uma relação apenas tangencial. "Habilidades podem ser ensinadas" é um postulado que escutei de muitos gerentes de contratação. Na condição de Estrela Subestimada, seu papel não é convencer as pessoas de que consegue aprender coisas novas, mas detectar se elas têm expectativas realistas sobre a rapidez com que você é capaz de fazer tal coisa, se lhe darão o suporte necessário para chegar lá e se as novas habilidades têm algo em comum com as que você já possui (a sobreposição de habilidades é um tema bastante discutido no capítulo "Os Sobrecarregados").

Estrelas muitas vezes são uma aposta desesperada de última hora; o empregador as contrata para salvar a situação, mas geralmente isso não dá em nada. Se as três últimas pessoas fracassaram nessa função ou se o cargo é mal definido e o contratador usa frases como "Construímos o avião à medida que voamos", é possível que você tenha sido admitido como uma dessas soluções desesperadas. Certa vez Subbu aceitou uma oferta dessas. Prometeram uma equipe para lhe dar suporte em um cargo prestigioso — uma cenoura que ficou pendurada diante dele por vários meses, mas que nunca se concretizou. Ele era uma estrela sem uma estrutura à disposição para ajudá-lo.

Um dos principais motivos para o fracasso de uma estrela recém-contratada é não receber o suporte necessário — equipe bem remunerada, recursos financeiros e apoio da liderança sênior. Ao perguntar alguma coisa, seja objetivo. Quanto do orçamento foi alocado para essa função? Quantas pessoas em minha equipe já foram contratadas e treinadas? Ou o plano é primeiro me contratar, depois construir o resto vagarosamente, com o tempo?

Às vezes a melhor jogada é mostrar moderação. Eu não aceitaria um cargo sem estrutura de apoio para sustentá-lo.

Como recém-contratado, você enfrentará dificuldades em um novo emprego?

Muitas Estrelas Subestimadas estão em busca de maior status no trabalho. Como vimos, três das cinco aspirações principais dessas pessoas subvalorizadas envolvem status (respeito dos chefes, respeito dos colegas e influência nas decisões). E um dos principais atrativos de um novo emprego é justamente isto: venha para cá e você receberá o respeito e o poder que merece.

Mas, como descobri, transferir status é muito mais complicado do que se imagina. Ao começar em um novo emprego, você pode enfrentar um obstáculo inicial que não previa — ninguém está interessado em saber como você era importante em seu antigo emprego, é preciso conquistar seu respeito do zero. E uma das dificuldades que podemos enfrentar é fazer com que as pessoas nos escutem, mesmo nas áreas de nossa especialidade.

Para ilustrar esse problema básico, minha colega Oana Dumitru e eu realizamos uma série de estudos para testar o grau de influência que os novos contratados têm em moldar as decisões do grupo. Alguns chegam com status, outros não. E no frigir dos ovos as pessoas não os escutam de fato, independentemente de seu status.

Em nosso estudo, dividimos pessoas desconhecidas em duplas para trabalharem juntas em uma tarefa de tomada de decisão por cerca de dez minutos, e a seguir uma terceira pessoa se juntou a elas para uma nova tarefa — descobrir quem contratar entre quatro candidatos. Nos 370 grupos, os recém-chegados não influenciaram o processo decisório tanto quanto os dois indivíduos da dupla original. Suas sugestões eram rapidamente descartadas, mesmo quando tocavam em pontos importantes. Ao final do estudo, os recém-chegados, a despeito de seu status ou de suas contribuições para o grupo, eram vistos como menos competentes do que os dois membros originais. O que fizeram não importava; o rótulo da incompetência permaneceu aplicado a eles.

Nas organizações, o recém-chegado enfrenta muito mais obstáculos: há normas que desconhece e ele pode se deparar com novos jargões. Tudo que apresentei no capítulo "Em Crise de Identidade" pode dificultar sua entrada em uma nova área ou equipe.

A melhor maneira de avaliar as barreiras como recém-chegado é conversar com outras pessoas que, como você, usufruíam de status no emprego anterior. Decorrido algum tempo da entrevista, peça para entrar em contato com elas. Não é necessário que tenham o mesmo cargo ou executem a mesma função que você, mas precisa ser alguém que gozava de status elevado quando entrou. Que barreiras ocultas havia para influenciar as decisões sobre as quais ninguém lhes havia falado? Tiveram de enfrentar estereótipos em relação a gente de fora que chegava com status? Apenas pessoas de dentro da organização poderão ajudá-lo a descobrir o que você encontrará.

Como assegurar que você seja uma estrela em sua nova organização?

Um dos maiores problemas que a pessoa recém-contratada enfrenta é o processo de transferência de conhecimento — e isso se aplica sobretudo aos recém-chegados que são estrelas. Eles têm um bocado de conhecimento tácito e habilidades, mas a maior parte de sua experiência na aplicação dessas aptidões reside num lugar — seu antigo ambiente de trabalho. Até que ponto será difícil aproveitar no novo emprego seu conhecimento e capacidade adquiridos no antigo? Se a empresa para a qual você está sendo entrevistado continua a fazer as coisas ao velho modo, a despeito de ter contratado muita gente nos últimos anos, provavelmente ela tem um problema de transferência de conhecimento. Não é que seja incapaz de contratar novos talentos, mas não há um processo implementado para esse talento transferir seu conhecimento às equipes. Você precisa de um bom plano de transferência de conhecimento para aproveitar seu status de estrela em seu novo emprego.

Em psicologia organizacional há muita pesquisa sobre transferência de conhecimento, e a maior parte dela gira em torno de como se transfere o conhecimento de uma geração para outra dentro da empresa.[5] Os *millennials*, por exemplo, são "nativos digitais" — não desgrudam das mídias sociais e boa parte de sua transferência de conhecimento se dá on-line. Já os *baby boomers* preferem transferir conhecimento em um almoço de três horas ou em conversas informais durante a pausa para o cafezinho. Diga-lhes para checar o Slack e eles no mínimo vão bufar.

Um grande indicador de transferência de conhecimento em todo tipo de lugar é a *capacidade de absorção* da empresa, que é a habilidade de uma organização em admitir o valor de novas informações (como a experiência de uma estrela recém-contratada), assimilá-las e explorá-las em proveito próprio.[6] É um conceito abstrato, mas vou dar um exemplo concreto.

Imagine que você é um biólogo que estuda fungos mucilaginosos. Como recém-chegado, você traz consigo sua última descoberta. Mas você não descobriu um novo fungo, e sim uma nova maneira de descobrir fungos. Você inventou uma nova ferramenta de detecção, e numa reunião importante da empresa comunica sua descoberta. Após a reunião, a empresa partilha sua descoberta com outros setores da organização? Implementa sua nova ferramenta para mudar como passarão a estudar os fungos mucilaginosos, incluindo onde procurar por tipos inéditos? Ou apenas dirão "Obrigado pela interessante apresentação", para então voltar ao velho método tradicional?

Muitas Estrelas Subestimadas ficam chocadas que sua metafórica descoberta de fungo mucilaginoso morra em uma reunião. Que a despeito de toda utilidade que ofereçam, seu conhecimento e experiência nunca são aproveitados nem reconhecidos. Fazer com que a empresa ou mesmo a equipe as levem a sério é uma empreitada infrutífera. Muitos sabem como é a experiência dessa capacidade de absorção em suas relações interpessoais. Sempre que visito minha mãe, tento convencê-la a fazer suas compras de mercado on-line para facilitar sua vida, mas ela prefere dirigir por uma hora para comprar alface. Se ela fosse uma empresa e eu uma Estrela Subestimada recém-contratada, eu estaria batendo a cabeça na parede.

A transferência de conhecimento é um processo social. Pergunte coisas como "Qual é o plano para assegurar que meu conhecimento de X ou minha experiência com Y seja transmitido aqui?" e "Serei chamado para as reuniões de planejamento estratégico para colaborar com a melhor maneira de fazer isso?" (e então se ofereça para conduzir tais reuniões). Em meu ambiente de trabalho, a transferência de conhecimento ocorre em oficinas. Temos um objetivo explícito de transferir conhecimento, e isso pode ser constatado observando o número de reuniões que realizamos, juntando pessoas de diferentes áreas para aprender coisas novas.

QUARTA ETAPA: CONSEGUINDO O EMPREGO

Estrelas Subestimadas muitas vezes não passam pelos mesmos processos que os demais, sobretudo se estiverem em uma fase adiantada de suas carreiras. Essas pessoas são recrutadas, consultadas sobre a eventualidade de se candidatar a um emprego, ou até recebem informações sobre a disponibilidade de um cargo antes que ele seja divulgado. Em todos os empregos que me ofereceram nos últimos cinco anos, fui convidada a me candidatar antes que a vaga fosse divulgada.

Isso posto, uma vez marcada a entrevista, não fui automaticamente escolhida. Havia outros especialistas sendo entrevistados, muitos deles com vantagens sobre mim. Em minhas entrevistas com recrutadores e gerentes de contratação, descobri que o maior equívoco que profissionais avançados na carreira cometem é supor que a entrevista seja puramente unilateral: que é a estrela que conduz a entrevista, não o contrário. Considere essa entrevista como um primeiro encontro. Sim, você é um especialista, mas os dois lados querem ter certeza de que existe compatibilidade.

Pense no tipo de compensação que você quer além do salário

Cerca de metade das Estrelas Subestimadas em meu estudo acha que será difícil encontrar um trabalho que pague o que elas esperam. Porém, mais de 90% desses mesmos indivíduos gostariam de ganhar mais. A certa altura, você provavelmente precisará ser criativo e conjecturar o que está disposto a considerar. Chegar para uma entrevista com pretensões financeiras pouco realistas não vai garantir seu emprego. Leve consigo sua lista ordenada de prerrogativas. E pense fora da caixa; as empresas adoram candidatos que pedem uma compensação que também sinalize comprometimento. Por exemplo, proponha uma estrutura de compensação que inclua oportunidades de promoção e treinamento em um cronograma definido. Inclua medidas concretas a serem tomadas pela empresa para assegurar que você contará com suporte para sua função.

Considere levar propostas como "suporte de pelo menos três especialistas em período integral na minha equipe que estejam treinados e contratados quando eu começar, além de três oficinas anuais por conta da empresa para esses especialistas aperfeiçoarem suas habilidades em X". E, quando for o momento de acertar a remuneração, lembre-se de que o dinheiro é fungível. A empresa pode não estar disposta a lhe oferecer uma base salarial mais alta, mas a compensá-lo com benefícios indiretos. Sei de uma pessoa que negociou um ano de creche em período integral e de outra que recebeu serviço de limpeza por vários meses — como a empresa terceirizava serviços de limpeza, foi menos dispendioso para ela oferecer esse serviço para o contratado, o qual pagaria muito mais se fosse contratar tal serviço por conta própria.

Não aceite vincular seu salário a futuras promessas, como concordar com um aumento salarial caso a organização obtenha mais 1 milhão de financiamento de um investidor anjo. Receber futuramente por um trabalho que está fazendo hoje não é uma forma de remuneração. Mas receber um belo bônus caso continue trabalhando na empresa após três anos, sim.

Aprenda a falar sobre suas habilidades para que a empresa possa fazer comparações

Neste capítulo e no "Em Crise de Identidade", você foi apresentado ao Exercício das Três Coisas para aprender a falar de suas habilidades de uma forma estreitamente associada aos resultados. Estrelas Subestimadas muitas vezes ficam demasiado focadas nos resultados do último emprego, o que pode dificultar a percepção do empregador para imaginar como seu desempenho se traduzirá em sua nova função.

Quando explicar quais são suas habilidades (ou inseri-las no currículo), fale de resultados usando números que todos compreendam. Essa dica vale sobretudo se você trabalha para uma empresa pequena e deseja mudar para uma maior. Por exemplo, se você disser "Ajudei a aumentar a receita em 30%", especifique a que se refere essa porcentagem (de 100 mil para 130 mil, por exemplo). Quanto mais claro você for a respeito dos resultados globais da empresa com os quais poderá contribuir, melhor.

Se não fizermos isso, com frequência o entrevistador poderá supor que o resultado não é tão impressionante: ele prefere saber o que determinada métrica de desempenho significa em uma empresa específica. Se essa métrica não for amplamente conhecida — ou seja, se você não trabalha para uma empresa da Fortune 500 que determina o padrão do setor para essas coisas —, ele partirá do pressuposto de que você não é uma estrela tão grande assim.

Isso costuma acontecer quando as pessoas se candidatam à pós-graduação. Sem métricas padronizadas como testes de admissão GRE ou MCAT — que antigamente todo mundo precisava fazer nos Estados Unidos —, há uma tendência a admitir pessoas vindas de instituições mais renomadas porque o comitê de admissões acredita saber qual "deveria ter sido" a pontuação do candidato caso ele tivesse feito o teste. Se você tirou notas máximas no curso de física em Harvard, sua pontuação em matemática em um teste padronizado provavelmente seria alta. E quanto às notas máximas tiradas em uma universidade menos prestigiosa? No entender do comitê, ninguém poderia inferir a pontuação desse candidato. Explicitar suas conquistas de forma a permitir ao entrevistador fazer comparações diretas reduzirá a probabilidade de enfrentar esse viés.

Descubra o calcanhar de aquiles da empresa e use isso em proveito próprio

John Miles fazia de tudo para que a empresa se convencesse de que tinha um calcanhar de aquiles, e que ele era a pessoa mais indicada para sanar isso.

"Certa vez, prestei uma consultaria ao JP Morgan Chase. Eles me puseram diante de um desafio que parecia insolúvel: testar a segurança supostamente impenetrável de seu centro de dados. Era uma demanda e tanto. Acompanhado de técnicos veteranos especializados, fomos em frente. Investigamos as instalações e identificamos uma sutil vulnerabilidade — os pontos de acesso aos tanques de gás do gerador. Essa falha fora negligenciada por muitos, mas não por nós", John me contou.

"Em uma manobra cuidadosamente orquestrada, usamos esses pontos de acesso aos tanques de gás como porta de entrada. Subindo por essa passagem não protegida, avançamos devagar, movendo-nos com precisão e determinação. Finalmente, após atravessar as camadas de defesa, chegamos aonde nos disseram que era impossível chegar — dentro do centro de dados, pisando no exato lugar que acreditavam ser inexpugnável."

Não é preciso ter as habilidades de John para descobrir os pontos fracos de uma empresa. Mas se você pesquisar com antecedência e refletir sobre como atender a essas necessidades, é possível ir longe. Certa vez, numa entrevista de emprego, descobri de antemão que os professores-juniores da universidade estavam tendo dificuldade com os pedidos de subvenção para projetos de pesquisa e havia pouquíssimos seniores que haviam sido bem-sucedidos para servir como mentores. Soube disso após uma breve conversa com minha rede de contatos. Durante a entrevista, apresentei meu plano de mentoria para propostas de subvenção, e ele acabou se revelando sensível para as necessidades do local, o que a maioria do pessoal sênior não fez.

Em alguns casos, o que uma empresa precisa não é apenas do conjunto de aptidões de uma estrela, mas uma combinação de habilidades raramente vistas juntas. Pode haver muita gente dotada de excelentes habilidades técnicas, mas que talvez não tenha habilidades de mentoria igualmente boas. Sua combinação de habilidades, mesmo que nenhuma delas isoladamente faça de você uma estrela, aumenta suas chances efetivas.

LIÇÕES DE CARREIRA

PRIMEIRA ETAPA:

- Antes de presumir que você é uma estrela, faça a si mesmo três perguntas: Tenho uma habilidade que seja relevante para o ambiente de trabalho? Essa habilidade é rara? Sou melhor do que os outros nessa habilidade?
- Dimensione seu próprio status de estrela analisando se suas principais habilidades se encaixam nos critérios que você aprendeu a fazer com o Exercício das Três Coisas do capítulo "Em Crise de Identidade".
- Para compreender por que você está insatisfeito, foque duas questões: "Meu ambiente de trabalho reconhece minhas habilidades?" e "Em que nível ocorre a falta de valorização?" (Ele pode incluir o mercado, sua empresa, seu cargo e/ou suas relações interpessoais.)

SEGUNDA ETAPA:

- Identifique seus concorrentes.
- Descubra se a empresa quer estrelas ou está satisfeita com desempenhos medianos.
- Identifique quanto risco você está disposto a assumir para passar a uma nova posição diferente daquela que você ocupa agora e fique esperto se lhe prometerem muita coisa.

TERCEIRA ETAPA:

- Apresente na entrevista suas questões da segunda etapa sobre o nível de valorização.
- Descubra se um novo emprego envolveria mais incerteza do que você estaria disposto a enfrentar nesse estágio de sua carreira.

QUARTA ETAPA:

- Pense criativamente sobre como gostaria de ser recompensado, e isso inclui ir além do salário.

- Aprenda a falar sobre suas habilidades em termos gerais, de modo que a empresa possa fazer comparações adequadas com seus competidores.

- Descubra qual é o calcanhar de aquiles da empresa e use isso em seu benefício. Muitas empresas precisam de estrelas como você, mas não sabem disso. Você pode se valer de sua combinação única de habilidades para convencê-las dessa necessidade.

Reflexões finais

Investigar a fundo o motivo de sua insatisfação com a vida profissional é tão complicado quanto compreender o que leva um casal a se distanciar após dez anos de casamento, ou por que temos dificuldade em manter uma relação estável e de confiança com um filho adulto. Qualquer relacionamento — incluindo sua relação com a carreira — pode dar errado pelas mais variadas razões. Como especialista, compreendo há muito tempo que a única maneira de consertar relacionamentos rompidos e deteriorados é retroceder um pouco e avaliar cuidadosamente como se chegou a tal ponto. É preciso abandonar por um momento a urgência de querer avançar e refletir sobre seu estado psicológico. Os relacionamentos raramente desmoronam devido às atitudes de apenas um dos lados — todo mundo contribui de um modo ou de outro, mesmo que tenhamos dificuldade de enxergar como isso acontece. Neste livro, pedi a você que refletisse sobre o papel de todos os envolvidos — sua profissão, a empresa onde trabalha, você mesmo.

Enquanto escrevia, nunca deixei de ter em mente que estava pedindo demais ao leitor: que ele repensasse toda sua estratégia de carreira, desde com quem criar sua rede de contatos até quais tópicos incluir no currículo, quais questões perguntar nas entrevistas. Para além dessas medidas concretas, também proponho que ele investigue seu ponto de partida psicológico. As pessoas passam anos em terapia voltadas à primeira etapa metafórica de cada capítulo, elucidando a questão: "Por que estou infeliz?".

Para muitos, a resposta implica dar dois passos para a frente e um para trás. Conversando com as pessoas, por exemplo, você pode descobrir que mudou mas não percebeu. Na verdade, suspeito que o processo de formar novas conexões sociais lhe ensinará coisas sobre si mesmo que você não teria descoberto munido apenas de minhas ferramentas de autoavaliação. Muitas vezes dependemos de nossas relações sociais para processar mudanças em nossa vida, incluindo nossos relacionamentos. Por isso conversamos horas com amigos sobre novos relacionamentos e rompimentos. O mesmo vale para nossa relação com a carreira. E, como em qualquer mudança, seja paciente consigo mesmo se a trajetória for mais tortuosa do que você esperava. No quesito descobertas na carreira, vence a corrida quem vai devagar e sempre.

Antes de nos despedirmos, gostaria de deixar algumas lições adicionais para sua reflexão. A maioria delas eu aprendi nas entrevistas com pessoas que passaram por mudanças de carreira. Um dos motivos para dedicar boa parte do livro à arte do networking é por ter aprendido tanto com isso. A sabedoria de alguém que passou por uma mudança de carreira (ou ajudou alguém a mudar) e se dispõe a falar disso com sinceridade vale ouro.

CONFIE NAS SUAS EMOÇÕES. ELAS VALEM OURO QUANDO VOCÊ PRETENDE MUDAR DE CARREIRA.

No capítulo "Os Distanciados", falei de Tricia Baker, a psicóloga escolar que percebeu que aquela carreira não a interessava mais, que a deixava sempre às voltas com uma papelada e com a administração de pessoas encarregadas de um caso, e não com seu desejo, que era ajudar jovens em risco. Ela retomou os estudos, obteve um (novo) mestrado e hoje se sente realizada como terapeuta em um atendimento de telessaúde. Mas sua transição de carreira foi incomum por um motivo específico: ela sempre soube que queria ser terapeuta, mas, por razões práticas, enveredou por uma carreira que não a interessava. Seguiu a cabeça em vez do coração.

A gota d'água para ela foram os torturantes meses que passou ao lado de pessoas que tinham seu emprego dos sonhos. Psicólogos escolares realizam reuniões de rotina com todas as pessoas envolvidas em supervisionar um caso, incluindo advogados e terapeutas que trabalham diretamente com seus clientes. Para ela, estar com esses terapeutas era como ficar frente a frente com um amor não correspondido que abraçava outra pessoa, escutando-os falar, carinhosos, de como são felizes. Certos dias, ela tinha vontade de chorar em plena reunião.

As emoções que sentiu nos dois últimos meses foram profundas. Tricia invejava essas pessoas e seus trabalhos. Estava furiosa consigo mesma por, aos vinte e poucos anos, ter feito uma escolha de carreira à qual agora se sentia presa, e se ressentia das circunstâncias que a levaram a tomar essa decisão. "Vi-me num trabalho muito político, longe do processo de ajudar", me disse ela, que não nasceu para isso. E acrescentou a ansiedade crônica à longa lista de sentimentos com que lidava. Tricia não enfrentou as incertezas que a maioria das pessoas em transição de carreira enfrenta. Não se sentiu oprimida com a perspectiva de recomeçar por ignorar o que seria necessário para chegar lá: sabia exatamente o que era preciso fazer. E não se preocupou em fazer seu networking social a partir do zero; já tinha essa rede de contatos. Devido ao tempo passado na companhia de terapeutas, além de sua formação na faculdade, conhecia as normas, o jargão e o currículo oculto.

Como alguém de fora observando a situação, a escolha mais sábia me parecia óbvia. Mas competir com todas essas coisas que lhe diziam "caia fora imediatamente!" representava uma forte emoção com a qual a maioria de nós está familiarizada: a culpa.

Quando lhe pedi para explicar as barreiras que enfrentou para deixar a psicologia escolar, Tricia não começou falando de questões práticas, embora houvesse muitas. Falou de suas emoções. "Sentia muita culpa. Eu tinha uma família para cuidar. Minha decisão envolvia perder parte dos rendimentos de que minha família dependia, ficar longe dos filhos para voltar a estudar." E quando sentou com seu parceiro para decidir o que fazer, passaram praticamente a conversa toda falando dos sentimentos dela. Havia coisas importantes a considerar, como os gastos com a nova especialização. Mas primeiro precisavam analisar seu estado emocional. Falaram de como a sensação crônica de inveja e remorso afetava sua saúde mental e se era uma boa ideia permitir que o sentimento de culpa levasse a melhor.

Ajuda o fato de que, como alguém que trabalha com saúde mental, Tricia seja uma especialista em identificar e trabalhar emoções, além de ensinar essa habilidade aos outros. Ela sabe que partir de questões práticas pode moldar o processo de tomada de decisão de maneiras muitas vezes imprevisíveis. As razões pelas quais optara pela psicologia escolar eram práticas, assim como as razões para permanecer naquela carreira. Se decidisse continuar na área, deveria ser capaz de dizer a si mesma: "Decidi permanecer nessa carreira por motivos financeiros. Mas faço isso sabendo que estou me condenando a uma vida de inveja e remorso". Se ela não se sentisse confortável em fazer essa afirmação, disse a si mesma, não estaria pronta para abrir mão de seu sonho.

Assim que iniciou sua transição — largando o emprego e voltando a estudar —, Tricia enfrentou uma nova onda de emoções. "Como não tínhamos dinheiro para pagar o programa de mestrado on-line, eu encarava duas horas para ir e voltar todo dia", disse. A culpa persistia, e os sentimentos de inveja foram substituídos por sentimentos ambivalentes. O que era sombrio e deprimente não passou a ser alegre e maravilhoso da noite para o dia. Não foi fácil enfrentar o tempo perdido com o trânsito na hora do rush, sabendo que ao chegar em casa seus filhos já estariam dormindo. Mais uma vez, porém, ela deu um nome a seus sentimentos e os analisou: "Se estava dividida com minha escolha, eu falava a respeito. E agora que deixei tudo isso para trás, tento ser aberta com as pessoas sobre os altos e baixos emocionais desse processo". Para Tricia, que trabalha com adolescentes em risco, a comunicação clara e honesta dos sentimentos e a franqueza consigo mesma e com os outros sobre eles são parte essencial da evolução. "Ninguém supera nenhum relacionamento sem passar por essa etapa crítica", ela disse.

Em minhas pesquisas com profissionais em transição de carreira bem-sucedidos, notei uma tendência condizente com a experiência de Tricia. Todos empregaram expressões referentes a emoções ao descrever sua trajetória. Em vez de dizer: "Primeiro investiguei que certificados precisaria obter, depois pesquisei a estrutura salarial de diferentes carreiras", dizem: "Primeiro tive de descobrir a causa de minha baixa autoestima. Por que o trabalho que costumava me dar alegria agora faz com que me sinta tão mal comigo mesmo?". Susan, a professora que se tornou pesquisadora de experiência do usuário, apresentada no capítulo "Em Crise de Identidade", é um exemplo perfeito disso.

Assim que você pensar numa transição de emprego ou carreira, dê nome a suas emoções. Traga-as para o primeiro plano e não as descarte como triviais ou irrelevantes. Às vezes pensamos que decisões lógicas não se baseiam em emoções, mas estamos nos iludindo. Os cientistas sociais estudam há anos o papel delas em orientar o processo de tomada de decisão; elas nos influenciam, mas como e quando isso se dá talvez dependa de você. O melhor conselho que posso oferecer é que você aja como Tricia: identifique as emoções, fale sobre elas e as incorpore ao linguajar que você usa para tomar decisões. É provável que experimente emoções diferentes em cada uma das quatro etapas e haverá alguns dias mais sensíveis que outros. É tudo parte do processo, não um sinal de alerta de que algo está errado.

TUDO BEM TER SENTIMENTOS AMBÍGUOS AO DEIXAR UM EMPREGO. VOCÊ NÃO PRECISA ESTAR PRONTO PARA SAIR ANTES DE COMEÇAR A EXPLORAR.

Uma das ideias mais equivocadas que as pessoas têm sobre deixar um emprego, uma carreira ou, na verdade, qualquer relacionamento é que um belo dia elas se sentirão prontas para isso. Uma luz mágica se acenderá, anunciando o fim das incertezas e o momento de seguir em frente. Você também pode pensar que, à medida que vai ganhando experiência e fica mais calejado no trabalho, seus sentimentos de incerteza e ambivalência quanto a suas escolhas desaparecerão. Pessoas bem-sucedidas e em posição de poder muitas vezes passam a impressão de serem mais confiantes do que os menos experientes.

Mas, como vim a descobrir, não é que pessoas bem-sucedidas não vivenciem sentimentos ambivalentes, sobretudo em relação a suas carreiras: elas aprendem a conviver com eles. Dão um nome às emoções, como fez Tricia, e então as acolhem como parte do processo. Na verdade, "o acolhimento da incerteza" foi tema de praticamente todas as minhas conversas com profissionais experientes em transição de carreira. John Miles, que passou por mudanças dramáticas, é um exemplo perfeito disso. No capítulo "As Estrelas Subestimadas", ele comentou que o medo da incerteza é o maior empecilho para o progresso das pessoas. Muitas vezes, quando somos profissionais novatos ou pouco experientes, passamos um bocado de tempo interpretando nossos sinais internos de "incerteza"; achamos que se não estivermos 100% seguros de nossas decisões, não estaremos prontos para a mudança. Somos dominados pela paralisia e aguardamos esse dia mágico em que nos sentiremos "preparados" para agir. Da perspectiva de John, não deveríamos atribuir demasiado significado a esses sentimentos e certamente não deveríamos ficar à espera desse dia mágico. Na verdade, usar a incerteza como bússola pode nos impedir de assumir riscos desnecessários. Escrevi este livro para permitir que você aja no ritmo em que se sentir confortável, sobretudo no começo, quando segue no emprego que pensa em deixar. Mas às vezes a simples ideia de explorar uma carreira alternativa já é tão intimidante que nos recusamos a passar da primeira à segunda etapa. Se você tiver sentimentos ambivalentes durante essa transição de fases, sem problema. Como aprendi com John Miles, não dê importância demais a eles. E sobretudo não pense nisso como um pré-requisito para começar o processo de transição na carreira. É algo que vai sendo depurado à medida que progredimos.

CONVERSAS FRANCAS SÃO UMA PARTE ESSENCIAL DE SUA TRAJETÓRIA, MESMO QUE ÀS VEZES SEJAM UM POUCO DESCONFORTÁVEIS.

Ao longo deste livro, apresentei várias dicas sobre como conversar com as pessoas — de novos conhecidos que trabalham na carreira que estamos explorando a recrutadores, gerentes de contratação e entrevistadores. As questões que sugeri ao leitor que perguntasse são específicas, vão ao cerne do que constitui determinada carreira ou emprego e, acima de tudo, são diretas. Nas etapas três e quatro (que focam o processo de entrevista), você pode ter pensado que propus trocar seu desejo de ser apreciado pelo de descobrir a verdade. O que sugiro é inverter a dinâmica do poder, tratando o entrevistador como fonte de informação, não apenas como alguém que irá avaliá-lo.

Se a franqueza não faz seu estilo, compreendo que isso talvez seja pedir demais. A norma-padrão para empreender uma comunicação educada e cheia de subterfúgios pode afetar qualquer um, sobretudo se estamos tentando nos encaixar ou passar uma boa impressão. As pessoas supõem que, se as demais evitam uma conversa de verdade, é porque não gostam disso, quando na realidade a maioria delas prefere conversas francas, só que receiam violar as regras.

Tricia, que é a primeira a abraçar a polidez, compreende essa preocupação. "Evito ser superdireta", diz ela, que precisou treinar a "abordagem de questões muito específicas" para se convencer a se abrir. Mas o que de fato a levou a mudar de ideia foi a agradável surpresa dos entrevistadores ao ouvir esse tipo de pergunta. "Era como uma lufada de ar fresco, eu fazia perguntas específicas sobre o trabalho e eles não achavam de modo algum que parecia um interrogatório", ela disse. Ninguém gosta de perder tempo. Essas perguntas deixaram claro para os entrevistadores que Tricia valorizava o tempo deles tanto quanto o seu próprio.

Neste livro selecionei cuidadosamente as questões sinceras que sugiro que sejam feitas na terceira e na quarta etapa, tendo ciência da dinâmica de poder em jogo. O objetivo não é passar uma impressão de agressividade, mas mostrar que você está de fato interessado em saber se é adequado à vaga, que aliás também é o objetivo da pessoa na outra ponta da conversa. Em suas entrevistas, procure se valer do que a psicoterapeuta e especialista em relacionamentos Esther Perel chama de "perguntas investigativas" — questões específicas que vão direto ao ponto. Ela sustenta que esse tipo de pergunta pode ajudar casais a superar uma infidelidade, mas a lógica se aplica também a seguir em frente depois de uma relação de trabalho que não deu certo. Se a franqueza o deixa nervoso, não se esqueça de que todos os envolvidos aspiram à compatibilidade e a única maneira de descobrir se ela existe é sermos abertos e honestos desde o princípio.

Agradecimentos

Antes de mais nada, gostaria de agradecer à minha editora, Lydia Yadi, que viu potencial neste livro quando ele era apenas o fragmento de uma ideia. Serei eternamente grata a ela por sua atenção aos detalhes e sua disposição em insistir comigo para adotar a perspectiva de como seria a experiência do leitor. Do título aos estudos que entraram na edição final, o livro não teria chegado à sua forma última sem ela. Lydia é uma editora fantástica.

Agradeço também a Megan McCormack, minha outra editora, cujos comentários claros e atenciosos sempre me lembravam de que eu precisava captar as experiências emocionais das pessoas no trabalho. Ela nunca me deixou esquecer que o relacionamento com um emprego ou carreira é como qualquer outro tipo de relacionamento, e me forneceu uma ajuda preciosa ao apontar pontos que deveriam ser registrados novamente para refrescar a memória do leitor.

Escrever um livro que inclui muitos dados novos requer uma equipe, e a minha incluía um membro fundamental: Quincey Pyatt. Ele não apenas ajudou a programar e executar os estudos, como o fez sob prazos apertados, antecipando minhas necessidades antes que eu as percebesse. Muitas vezes o senti como uma mão invisível me apoiando durante o processo de pesquisa, me assegurando de que não quebraria a cara.

Meus alunos de pós-graduação (passados e presentes) são a fonte de criatividade de minha vida como pesquisadora e grande parte do trabalho deles encontrou espaço neste livro. Agradeço a Oana Dumitru, cuja dissertação sobre status e a experiência de ser uma recém-chegada numa equipe foi crucial para o capítulo "Estrelas Subestimadas". Agradeço também a Kareena del Rosario, cujo estudo sobre a relação entre fisiologia e estresse e o impacto do estresse em nosso dia a dia e em nosso trabalho exerceu grande influência em meu pensamento.

Várias pessoas que entrevistei me deram informações valiosas, desde recrutadores e gerentes de contratação que compartilharam de bom grado seus truques de ofício até profissionais em transição de carreira e candidatos a emprego que estavam dispostos a compartilhar suas experiências, bem como acadêmicos que me forneceram insights preciosos. O tempo é um recurso valioso e serei eternamente grata a essas pessoas por me terem cedido parte do seu.

Obrigada também a minha família, que me aturou enquanto eu escrevia em lugares e horários estranhos, e em mais de uma ocasião durante as férias familiares. E, por último, mas não menos importante, agradeço a meu agente, Nathaniel Jacks, que me ajudou a transformar minhas ideias incompletas em algo real e foi um apoiador incansável do meu trabalho. Sem ele eu não estaria onde estou como autora.

Notas

INTRODUÇÃO [pp. 9-27]

1. Paul R. Amato, "Research on Divorce: Continuing Trends and New Developments". *Journal of Marriage and Family*, v. 72, n. 3, pp. 650-66, 18 jun. 2010. Disponível em: <https://doi.org/10.1111/j.1741-3737.2010.00723.x>.
2. Amie M. Gordon e Wendy Berry Mendes, "A Large-Scale Study of Stress, Emotions, and Blood Pressure in Daily Life Using a Digital Platform". *Proceedings of the National Academy of Sciences*, v. 118, n. 31, 29 jul. 2021. Disponível em: <https://doi.org/10.1073/pnas.2105573118>.

1. EM CRISE DE IDENTIDADE [pp. 29-70]

1. Colin Wayne Leach et al., "Group-Level Self-Definition and Self-Investment: A Hierarchical (Multicomponent) Model of In-Group Identification". *Journal of Personality and Social Psychology*, v. 95, n. 1, pp. 144-65, jul. 2008. Disponível em: <https://doi.org/10.1037/0022-3514.95.1.144>.
2. Shoshana R. Dobrow e Monica C. Higgins, "Developmental Networks and Professional Identity: A Longitudinal Study". *Career Development International*, v. 10, n. 6/7, pp. 567-83, 2005. Disponível em: <https://doi.org/10.1108/13620430510620629>.
3. Gillian M. Sandstorm, Erica J. Boothby e Gus Cooney, "Talking to Strangers: A Week-Long Intervention Reduces Psychological Barriers to Social Connection". *Journal of Experimental Social Psychology*, n. 102, set. 2022. Disponível em: <https://doi.org/10.1016/j.jesp.2022.104356>.
4. Linton Weeks, "I Was Absent That Day". NPR, 4 jul. 2011. Disponível em: <www.npr.org/2011/07/05/137443123/i-was-absent-that-day>.
5. Ronald S. Burt e Ray E. Reagans, "Team Talk: Learning, Jargon, and Structure versus the Pulse of the Network". *Social Networks*, n. 70, pp. 375-92, jul. 2022 (disponível em: <https://doi.org/10.1016/j.socnet.2022.05.002>); Lars Thøger Christensen, Dan Kärreman e Andreas Rasche,

"Bullshit and Organization Studies", *Organization Studies*, n. 40, v. 10, pp. 1587-600, jan. 2019 (disponível em: <https://doi.org/10.1177/0170840618820072>).

6. Alison Roller, "No More New Normal: Buzzwords Employees Can't Stand". HRMorning, 6 mar. 2023. Disponível em: <www.hrmorning.com/news/annoying-buzzwords>.

7. Ronald S. Burt e Ray E. Reagans, op. cit.

8. Alessandro Duranti, *A Companion to Linguistic Anthropology*. Malden: Blackwell, 2005.

9. Zachariah C. Brown, Eric M. Anicich e Adam D. Galinsky, "Compensatory Conspicuous Communication: Low Status Increases Jargon Use". *Organizational Behavior and Human Decision Processes*, v. 161, pp. 274-90, nov. 2020. Disponível em: <https://doi.org/10.1016/j.obhdp.2020.07.001>.

10. Zachariah C. Brown, Eric M. Anicich e Adam D. Galinsky, op. cit.

2. OS DISTANCIADOS [pp. 71-94]

1. Nathan W. Hudson, Jaime Derringer e Daniel A. Briley, "Do People Know How They've Changed? A Longitudinal Investigation of Volitional Personality Change and Participants' Retrospective Perceptions Thereof". *Journal of Research in Personality*, v. 83, dez. 2019. Disponível em: <https://doi.org/10.1016/j.jrp.2019.103879>.

2. Nathan W. Hudson e R. Chris Fraley, "Do People's Desires to Change Their Personality Traits Vary with Age? An Examination of Trait Change Goals Across Adulthood". *Social Psychological and Personality Science*, v. 7, n. 8, pp. 847-56, 20 jul. 2016. Disponível em: <https://doi.org/10.1177/1948550616657598>.

3. U.S. Bureau of Labor Statistics, "Employment Projections", 29 ago. 2024. Disponível em: <www.bls.gov/emp/#:~:text=Total%20employment%20is%20projected%20to,in%20health care%20and%20social%20assistance>.

4. James Manyika et al., "Jobs Lost, Jobs Gained: What the Future of Work Will Mean for Jobs, Skills, and Wages". McKinsey & Company, 28 nov. 2017. Disponível em: <www.mckinsey.com/featured-insights/future-of-work/jobs-lost-jobs-gained-what-the-future-of-work-will-mean-for-jobs-skills-and-wages>.

3. OS SOBRECARREGADOS [pp. 95-126]

1. Anatoli Colicev e Tuuli Hakkarainen, "5 Is the Perfect Number of Projects to Juggle. Here's Why". World Economic Forum, 14 out. 2022. Disponível em: <www.weforum.org/agenda/2022/10/work-projects-productivity-workload-burnout>.

2. Rita Zeidner, "Beware of Mission Creep". Society for Human Resource Management, 14 mar. 2022. Disponível em: <www.shrm.org/hr-today/news/hr-magazine/spring2022/pages/get-a-grip-on-mission-creep.aspx>.

3. Shahidul Hassan, "The Importance of Role Clarification in Workgroups: Effects on Perceived Role Clarity, Work Satisfaction, and Turnover Rates". *Public Administration Review*, v. 73, n. 5, pp. 716-25, 23 jul. 2013. Disponível em: <https://doi.org/10.1111/puar.12100>.

4. Gloria Mark, Victor M. Gonzalez e Justin Harris, "No Task Left Behind?". *Proceedings of the SIGCHI Conference on Human Factors in Computing Systems*, 2 abr. 2005. Disponível em: https://doi.org/10.1145/1054972.1055017.

5. Judy Wajcman e Emily Rose, "Constant Connectivity: Rethinking Interruptions at Work". *Organization Studies*, v. 32, n. 7, pp. 941-61, 13 jul. 2011. Disponível em: <https://doi.org/10.1177/0170840611410829>.

6. Jonathan B. Spira e Joshua B. Feintuch, "The Cost of Not Paying Attention: How Interruptions Impact Knowledge Worker Productivity". Basex, 2005. Disponível em: < https://static1.squarespace.com/static/59bf2bf68fd4d28e59627113/t/5ab01cef758d4636367707e1/1521491185170/CostDistractionsBasex.pdf>.

7. Victor M. Gonzalez e Gloria Mark, "'Constant, Constant, Multi-Tasking Craziness': Managing Multiple Working Spheres". *Proceedings of the SIGCHI Conference on Human Factors in Computing Systems*, abr. 2004. Disponível em: <https://doi.org/10.1145/985692.985707>.

8. Gloria Mark, Victor M. Gonzalez e Justin Harris, "No Task Left Behind?", op. cit.

9. Victor M. Gonzalez e Gloria Mark, "'Constant, Constant, Multi-Tasking Craziness': Managing Multiple Working Spheres", op. cit.

10. Michael Koncewicz, "Interacting with the Edible Book: Ben Denzer's 20 Slices of American Cheese". The Back Table, 13 abr. 2021. Disponível em: <https://wp.nyu.edu/specialcollections/2021/04/13/interacting-with-the-edible-book-ben-denzers-20-slices-of-american-cheese>.

4. OS SEGUNDOS COLOCADOS [pp. 127-59]

1. Cameron Anderson et al., "Knowing Your Place: Self-Perceptions of Status in Face-to-Face Groups". *Journal of Personality and Social Psychology*, v. 91, n. 6, pp. 1094-110, dez. 2006. Disponível em: <https://doi.org/10.1037/0022-3514.91.6.1094>.

2. Siyu Yu e Gavin J. Kilduff, "Knowing Where Others Stand: Accuracy and Performance Effects of Individuals' Perceived Status Hierarchies". *Journal of Personality and Social Psychology*, v. 119, n. 1, pp. 159-84, jul. 2020. Disponível em: <https://doi.org/10.1037/pspi0000216>.

3. Elijah X. Wee, Rellie Derfler-Rozin e Jennifer Carson Marr, "Jolted: How Task-Based Jolts Disrupt Status Conferral by Impacting Higher and Lower Status Individuals' Generosity". *Journal of Applied Psychology*, v. 108, n. 5, pp. 750-72, maio 2023. Disponível em: <https://doi.org/10.1037/apl0001047>.

4. Jack Kelly, "There's Another Type of Inflation to Be Concerned About: Corporate-Title Inflation". *Forbes*, 14 jul. 2022. Disponível em: <www.forbes.com/sites/jackkelly/2022/07/10/theres-another-type-of-inflation-to-be-concerned-about-corporate-title-inflation/?sh=3c65da7a5ee2>.

5. AS ESTRELAS SUBESTIMADAS [pp. 160-89]

1. Katherine Tangalakis-Lippert, "IBM Halts Hiring for 7800 Jobs That Could Be Replaced by AI, Bloomberg Reports. *Business Insider*, 1 maio 2023. Disponível em: <www.businessinsider.com/ibm-halts-hiring-for-7800-jobs-that-could-be-replaced-by-ai-report-2023-5>.

2. Aaron Mok e Jacob Zinkula, "ChatGPT May Be Coming for Our Jobs. Here Are the 10 Roles That AI Is Most Likely to Replace". *Business Insider*, 4 set. 2023. Disponível em: <www.businessinsider.com/chatgpt-jobs-at-risk-replacement-artificial-intelligence-ai-labor-trends-2023-02>.

3. Taly Reich, Jennifer Savary e Daniella Kupor, "Evolving Choice Sets: The Effect of Dynamic (vs. Static) Choice Sets on Preferences". *Organizational Behavior and Human Decision Processes*, v. 164, pp. 147-57, maio 2021. Disponível em: <https://doi.org/10.1016/j.obhdp.2021.03.003>.

4. Daniel B. Turban e Daniel M. Cable, "Firm Reputation and Applicant Pool Characteristics". *Journal of Organizational Behavior*, v. 24, n. 6, pp. 733-51, 12 ago. 2003. Disponível em: <https://doi.org/10.1002/job.215>.

5. Donald R. Hillman, "Understanding Multigenerational Work-Value Conflict Resolution". *Journal of Workplace Behavioral Health*, v. 29, n. 3, pp. 240-57, 2014. Disponível em: <https://doi.org/10.1080/15555240.2014.933961>.

6. María Magdalena Jiménez-Barrionuevo, Víctor J. García-Morales e Luis Miguel Molina, "Validation of an Instrument to Measure Absorptive Capacity". *Technovation*, v. 31, n. 5/6, pp. 190-202, 2011. Disponível em: <https://doi.org/10.1016/j.technovation.2010.12.002>.

Índice remissivo

20 Slices of American Cheese [Vinte fatias de queijo americano] (Denzer), 118

acrônimos, 53-4, 58
Alienados Felizes, 37-8
ambientes de escritório, 65-6; artefatos em, 116-7; funções e, 117-9, 124; *hot desking* e, 116-7; *hoteling* e, 71, 116; interrupções em, 115-6; layout do escritório e, 115-9; trabalho remoto e, 117, 137, 140
Andersen, Erin, 64, 66
aspirantes a carreiras, 12-4, 43, 161; culpa e, 193-4; emoções e, 9-12, 40, 192-5; mistas, 195-6; questionário para, 19-20; *ver também categorias específicas*
assumir riscos, 177-8, 180-1, 196

baby boomers, 183
Baker, Tricia, 84, 192-7
Barbieri, Joshua, 67
Borgran, Vannessa, 179-80
Brassey, Jacqui, 11

candidatar-se a vagas de emprego, 26-7, 55, 148-9; adaptar o currículo para, 58-9; falhas de comunicação e, 87-8; *ver também* currículos; entrevistas

capacidade de absorção, 183-4
cartas de apresentação, 55, 58-9, 90, 156
choques, 134, 140-1, 154
competência, 90, 135-6
Conaty, Meghan, 86, 91-3
conversas francas, 196-7
Crise de Identidade, aspirantes a carreiras Em, 13-5, 29-70, 84-5, 96-7, 110, 114, 121, 161, 173; currículos ocultos e, 50-2, 62; definição de, 32-3; entrevistas e, 55, 59-69, (história de carreira e, 61-2; identidade de carreira e, 59-60); e o que perguntar, 47-8, (para construção de identidade, 43-5); etapa 1 e (por que estou infeliz?, 21, 33-40); etapa 2 e (o que espero de minha futura carreira?, 21-2, 41-9, 56); etapa 3 e (apurando os fatos para verificar se o trabalho é o ideal para mim, 21-2, 49-55); etapa 4 e (conseguindo o emprego, 21-2, 55-69); habilidades de, 49-50, (abordagem "desconstruir e remontar" para, 56-8; currículo e, 56; preserváveis, 41-3, 48, 56); identidade de carreira e (Alienados Felizes e, 37-8; avaliando sua, inúmeras vezes, 38-40; centralidade de, 34-40, 108-9; Desesperados e, 37-9; entrevistas e, 59-61; força da, 33-40; networking para construção de, 43-5; Obstinados e, 37-9; organizacional

205

versus profissional, 34; Prósperos e, 36-7; queda na centralidade e satisfação com, 40; satisfação com, 33-40, 109; ter clareza do que você espera de sua nova, 43-4; verificação de clareza para, 49); jargões e, 52-5, 57-8; lições a extrair em cada etapa, 69-70; perguntas a serem feitas por, durante a entrevista, 62-9, (sobre a disponibilidade de treinamento prático, 67-8; sobre a quantidade de experiência direta necessária, 66-7; sobre as razões pelas quais outros falharam, 68-9); questionário para, 19-20; rede e, 49-50, 57, (com pessoas em grupos de carreira não sobrepostos, 46-7; com quem fazer networking, 45-6; formando conexões em, 46-7); verificação de clareza de identidade e, 49

culpa, 193-4

cultura de cisne, 119-20

currículo oculto, 50-2, 62, 82

currículos, 14, 27, 42, 55, 90, 148, 186; cartas de apresentação para, 55, 58-9, 90, 156; contextualização das habilidades em, 56; contribuições exageradas em, 90-1; datas de emprego sobrepostas em, 121-3; jargão em, 53-4, 91; LinkedIn e, 122-3; "mais seguros", 60

Davachi, Lila, 106-8

dentistas, 67

Denzer, Ben, 118

Departamento de Estatísticas do Trabalho dos Estados Unidos, 82

Desesperados, 37-9

diferenças entre gerações, 183

dificuldades de ser novato, 181-2

Distanciados, aspirantes a carreiras, 13-6, 71-94, 96, 161; definição de, 72-5; entrevistas e, 74, (avaliação de habilidades em, 91-2; contar histórias em, 92-3); etapa 1 e (por que estou infeliz?, 21, 75-81); etapa 2 (o que espero de minha futura carreira?, 21-2, 74, 81-7); etapa 3 e (apurando os fatos para verificar se o trabalho é o ideal para mim, 21-2, 74, 87-9); etapa 4 e (conseguindo o emprego,

21-2, 89-93); habilidades de (enquadramento para maximizar o ajuste de, 90-1, entrevistas e, 91-2); lições a extrair em cada etapa, 93-4; mudanças em, 74, 78-81; mudanças na indústria e, 82-4; mudanças no ambiente de trabalho e, 73-8, 85; nível organizacional e, 74-8; preferências de, 80-1, 84-7; questionário para, 19-20; rede e, 74, 82-7, (de contato com funcionários atuais ou antigos de empresas, 86-7; identificar primeiro as organizações potenciais e, 85; monitorando experiências compartilhadas e não compartilhadas, 87)

divórcio, 13, 40

dizer não, 120-1, 150

Dobrow, Shoshana, 43-4, 46, 60

doutorados, 175-6

Dumitru, Oana, 182

emoções, 9-12, 40, 192-5; de culpa, 193-4; mistas, 195-6

empregos: anúncios de, 50, 64-5, 88-9; candidatar-se a *ver* candidatar-se a vagas de empregos; criadores de, 88-9, 150; títulos de cargos e, 149-50

empregos paralelos, 122

entrevistas, 14, 86-8, 196-7; aspirantes a carreiras Distanciados e, 74 (avaliação de habilidades em, 91-2; contar histórias em, 92-3); aspirantes a carreiras Em Crise de Identidade e, 55, 59-69 (histórico de carreira e, 61-2; identidade de carreira e, 59-61); aspirantes a carreiras Estrela Subestimada, 173, 184 (níveis de subvalorização e, 179-80); aspirantes a carreiras Segundos Colocados e (fazendo rodeios sobre a preparação em, 156; iniciativa paralela ou de redução gradual e, 157-8; lista de mudanças que você pode encontrar e, 150-2; pesquisando a empresa de antemão, 156-7; tomadores de decisão de promoção e, 152-3); aspirantes a carreiras Sobrecarregados e (de quais funções você desistiria e, 124; fazendo malabarismos com múltiplas funções e, 123-4); falhas de comunicação em, 88 entrevistas, perguntas a fazer em, 14; críticas, 89; no escritório, 65-6, (sobre a interface do entrevistador com o gerente de contratação, 64-5; sobre como é a rotina de trabalho, 65; sobre como o cargo surgiu, 64; sobre o objetivo da entrevista, 63-4); para aspirantes a carreiras Em Crise de Identidade (sobre a disponibilidade de treinamento prático, 67-8; sobre a quantidade de experiência direta necessária, 66-7; sobre as razões pelas quais outros falharam, 68-9); para o aspirante a carreiras Segundo Colocado (sobre o plano de sucessão, 154-5); sobre o processo de feedback, 153; sobre o protocolo para seleção e avaliação de candidatos, 152-3; sobre o tipo de habilidades necessárias, 154

equilíbrio entre a vida profissional e pessoal, 152

esferas de trabalho, 110-1, 113-7, 123-4

Estrelas Subestimadas, aspirantes a carreiras, 14, 18, 37, 155, 160-89; calcanhar de aquiles da empresa e, 186-7; competição e, 174-5; definição de, 161-2; dificuldades de ser novato e, 181-2; entrevistas e, 173, 184, (níveis de subvalorização e, 179-80); etapa 1 e (por que estou infeliz?, 21, 168-73, 179); etapa 2 e (o que espero de minha futura carreira?, 21-2, 173-8); etapa 3 e (apurando os fatos para verificar se o trabalho é o ideal para mim, 21-2, 178-84); etapa 4 e (conseguindo o emprego, 21-2, 184-7); Exercício das Três Coisas e, 162-3, 169, 185-6; formas de subvalorização de, 166-8, (networking e, 166, 173, 175; oportunidades de promoção e, 166, 168, 173; promoção e, 166, 168, 173; reconhecimento de habilidade e, 168-70); habilidades de (avaliar o status de estrela, 165-6; fala sobre, em relação aos resultados, 185-6; impacto das, no desempenho, 164-5; raras, 165; reconhecimento das, 170; sendo melhor que os outros em, 165); lições a extrair em cada etapa, 188-9; lista de desejos de apreciação para, 166-8, 185; níveis de subvalorização, 170, (cargo e, 171-2; empresas e, 171, entrevistas

e, 179-80; mercado e, 170-1; relações interpessoais e, 172); questionário para, 19-20; ser "bom o bastante" e, 175-7; status e, 161-2, 166-8, 170, 180-2, (medindo o, 162-6); tomada de riscos e, 177-8, 180-1; transferência de conhecimento e, 182-4

Estresse Diário, Teste de *ver* Teste de Estresse Diário

estressores: identidade e, 39; inesperados, 22-5; interrupções externas desencadeadas por, 105-6; promoções como, 150, 152

exatas (áreas Stem), 26, 46-7

Exercício das Três Coisas, 41-4, 48, 57-8; aspirantes a carreiras Estrelas Subestimadas e, 162-3, 169, 185-6

exercício de "Ninguém me contou que...", 50-2, 62, 66-7, 82, 99, 129, 178

experiências, 66-8, 122-3; exagerando as, no currículo, 56, 90-1, 156; status e, 135-6, 138; *ver também* habilidades

"Faltei Nesse Dia", 50-1

feedback, 68, 123, 130-3; após uma promoção fracassada ou bem-sucedida, 153

formação de memória, interrupções e, 106-7

Fórum Econômico Mundial, 99

fracasso, medo do, 40

funções apaixonantes, 109-10, 113-4, 124, 145-7

funções cotidianas, 109, 113, 145-6

funções de mobilidade profissional, 109, 113, 145-7

funções e responsabilidades: apaixonantes, 109-10, 113-4, 124, 145-7; aspirantes a carreiras Estrelas Subestimadas, 171-2; aspirantes a carreiras Sobrecarregados e, 114, 121, (classificando da mais relevante para a menos, 109-10; cultura de cisnes e, 119-20; datas de emprego sobrepostas e, 121-3; desistir de empregos para assumir um novo cargo, 124; dizendo não a, 120-1, 150; espaço de trabalho e, 117-9, 124; networking baseado em prioridades e, 111-2; priorizando, 123; sobreposição em, 112-3; visibilidade e status de, 100-2, 135, 146-7, 166; voluntários, 99-103, 135); assumindo muitas, 98-106, 108-9, 150, (para "compensar os parasitas", 103; porque é a única escolha lógica, 102-3); barreiras ocultas para, 149; cotidianas, 109, 113, 145-6; de mobilidade profissional, 109, 113, 145-7; identidade de carreira e, 109-10; retornos decrescentes em, 146

Galinsky, Adam, 58
gênero, 136-7, 153
Gonzalez, Victor M., 116
Gordon, Amie, 23-4
grupos de afinidades para funcionários, 146-7

habilidades, 180-1; aspirantes a carreiras Distanciados e (enquadramento para maximizar o ajuste, 90-1; entrevistas e, 91-2); aspirantes a carreiras Em Crise de Identidade e, 49-50, (abordagem "desconstruir e remontar" e, 56-8; currículo e, 56; preserváveis, 41-3, 48, 56); aspirantes a carreiras Estrelas Subestimadas e (apreciação de, 170; de avaliar o status de estrela, 165-6; falando sobre, em relação aos resultados, 185-6; impacto das, no desempenho, 164-5; raras, 165; sendo melhor que os outros em, 165; ser "bom o bastante" e, 175-7); exagerando as, 56, 90-1, 156; experiência em, 90, 135-6; problema dos retornos decrescentes e, 175; promoções e, 154; reconhecimento de, 168-70; status e, 135-6, 138; transferência de conhecimento e, 182-4; treinamento em, 67-8, 154
Heasman, Dan, 92
Higgins, Monica, 43-4, 46, 60
hot desking, 116-7
hoteling, 71, 116
Hudson, Nathan, 78-9

IBM (International Business Machines Corporation), 170
idade, 137-8

identidade, 33-4; carreira e, 108, 121, funções e, 109-10; esferas de trabalho e, 124; *ver também* Crise de Identidade, aspirantes a carreiras Em
incerteza, medo da, 195-6
Instituto de Saúde da McKinsey, 11
inteligência artificial (IA), 170
interrupções, 97-9, 104-6, 108, 123-4; ambientes de trabalho e, 116-7; autossabotagem e, 105; capacidade de retomar tarefas de onde parei e, 106-8; documentadas, 107-8, 123; externas, 104-5, 123; formação da memória e, 106-7; internas, 104-5, 107-8; layout do escritório e, 115-6

jargões, 55-8, 145, 182; acrônimos e, 53-5, 58; aprendizagem de, 52-5; probabilidade de encontrar, 53-4; quando usar, 58
Jerks at Work [Idiotas no trabalho] (West), 10, 68
JP Morgan Chase, 187

Kalpathi, Subbu, 142, 157-8, 171, 181
Kilduff, Gavin, 138

Leach, Colin Wayne, 34
linguagem: descrição de questões de trabalho e, 11-2; *ver também* jargões
LinkedIn, 14, 26, 86, 176; currículo e, 122-3; pesquisando empresas no, 156-7
lista de verificação "MUDANÇAS NO MEU TRABALHO", 75

Mao, Ethan, 61-5, 86, 90-1
Mark, Gloria, 110, 115-6
McGovern, Michele, 52
McKinsey & Company, 82
Miles, John, 177, 186-7, 195-6
millennials, 183

nepotismo, 136-7, 153
networking, 14, 26; amostragem em bola de neve em, 47; aspirantes a carreiras Estrelas

Subestimadas e, 166, 173, 175; metas diárias para, 47; para aspirantes a carreiras Distanciados, 74, 82-7, (alcançando funcionários atuais ou antigos de empresas, 86-7; identificando primeiro as empresas potenciais, 85-6; monitorando experiências compartilhadas e não compartilhadas, 87); para aspirantes a carreiras Em Crise de Identidade, 49-50, 57, (com pessoas em grupos de carreira não sobrepostos, 46-7; com quem fazer, 45-6; formando conexões e, 47; o que perguntar e, 47-8; para construção de identidade, 43-5; verificação da clareza de identidade e, 49); para aspirantes a carreiras Segundos Colocados, 144-7; para aspirantes a carreiras Sobrecarregados, 101, (perguntas a fazer, 112-4; prioridades de função e, 111-2); sobreposição de informações no, 46, 86-7; status e, 138-40

normas, 50-2, 62, 82-3, 90, 112, 114-5, 119, 144-5, 182, 196

NPR (National Public Radio), 50-1

Obstinados, 37-8

palavras "incomuns" (jargões), 52-4
pandemia de covid-19, 71-2, 128, 150
Passion Struck (Miles), 177
Perel, Esther, 197
"perguntas investigativas", 196-7
plano de sucessão, 154-5
poder do nós, O (Van Bavel), 33
preferências, 80-1, 84-8, 94, 167
Priddle, Charlotte, 118-20, 123-4
promoções, 129-30; aspirantes a carreiras Estrela Subestimada e, 166, 168, 173; aspirantes a carreiras Segundos Colocados e, 144, 149, (competindo por funções escassas, 147-9, 152-3; diferença de responsabilidades e, 155-6; entrevistas e, 152; existência de um "próximo cargo" e, 134, 143; falta de conhecimento sobre a concorrência para, 148, 153; fazendo as perguntas certas sobre oportunidades para, 144; lista de mudanças que você pode encontrar caso receba uma, 150-2; ocupar funções perdidas para ser competitivo e, 145; plano de sucessão e, 154-5; precisão em interpretar a hierarquia de status e, 138-40; processo de feedback após uma, fracassada ou bem-sucedida, 153; protocolo de seleção e análise de candidatos para, 152-3; títulos de cargos e, 149-50); caminhos alternativos para, 139; choques e, 134, 140-1; emergências e, 128; estresse após, 150, 152; etapas intermediárias que foram puladas e, 128-9, 144; falta de conhecimento sobre a concorrência para, 148, 153, 174; habilidades e, 154; influência do chefe ou gerente e, 134, 139, 142, 153; negação de, 129-31, 134, 140; nepotismo e, 136-7, 153; obstáculos estruturais e, 134, 142-4; precisão da interpretação da hierarquia de status e, 138-40; processo de feedback após uma, fracassada ou bem-sucedida, 153; prós e contras, 150; razões para, 130-4, 137, 147-8, 154-5; status e, 137, 140, 154

Prósperos, 36-7

questões psicológicas, 10-4

raça, 136-7, 153
rede de contatos *ver* networking
redes: amplas, 46; baseadas na identidade, 46; densas, 45-7; tamanho versus qualidade de, 47
relacionamentos, 13, 37, 39-40, 73-4, 127, 191-2, 194; carreiras e, 9-13, 191; conflitos em, 130, 134; falhas de comunicação em, 88; tempo e energia para, 96-8

Salesforce, 47
Sassoon, Vidal, 67
saúde, indústria da, 39
Segundos Colocados, aspirantes a carreiras, 13, 17-8, 37, 127-59; definição de, 129-30; entrevistas e (iniciativa paralela ou mudança para um cargo abaixo e, 157-8; lista de mudanças que você pode encontrar e, 150-2;

pesquisando a empresa de antemão, 156-7; sendo cauteloso sobre seu preparo para determinada função em, 156; tomadores de decisão que concedem promoções e, 152); etapa 1 e (por que estou infeliz?, 21, 130-44); etapa 2 e (o que espero de minha futura carreira?, 21-2, 144-9); etapa 3 e (apurando os fatos para verificar se o trabalho é o ideal para mim, 21-2, 149-55); etapa 4 e (conseguindo o emprego, 21-2, 155-8); feedback e, 130-3; funções de mobilidade profissional e, 145-7; lições a extrair em cada etapa, 158-9; networking e, 144-7; perguntas para, fazerem em entrevistas (sobre o plano de sucessão, 154-5; sobre o processo de feedback, 153; sobre o protocolo para seleção e avaliação de candidatos, 152-3; sobre o tipo de habilidades necessárias, 154); promoções e, 144, 149, (cargos e, 149-50; competindo por funções escassas, 147-9, 152-3; diferença de responsabilidades e, 155-6; entrevistas e, 152; existência de um "próximo cargo" e, 134, 143; falta de conhecimento sobre a concorrência para, 148, 153; fazer as perguntas certas sobre oportunidades para, 144; lista de mudanças que você pode encontrar caso receba uma, 150-2; ocupar funções que faltam para ser competitivo, 145; plano de sucessão e, 154-5; precisão em interpretar a hierarquia de status e, 138-40; processo de feedback após uma, fracassada ou bem-sucedida, 153; protocolo de seleção e análise de candidatos para, 152-3); questionário para, 19-20; recusa de promoção e, 129-31, 134, 140, (choques e, 134, 140-1; influência do chefe ou gerente e, 134, 139, 142, 153; obstáculos estruturais e, 134, 142-4; processo de feedback após, 153; razões para, 130-4, 147-8, 154-5); status e (precisão em interpretar a hierarquia de, 138-40; sabendo quanto, você desfruta no trabalho, 135-8, 146)

"situações complicadas no trabalho", exercício, 102

Sobrecarregados, aspirantes a carreiras, 13, 16-7, 95-126, 150, 161; definição de, 97-8; entrevistas e (desistir de empregos para assumir um novo cargo, 124; fazendo malabarismos de múltiplas funções e, 123-4; esferas de trabalho e, 110-1, 113-7, 123-4; etapa 1 e (por que estou infeliz?, 21, 98-108); etapa 2 e (o que espero de minha futura carreira?, 21-2, 108-14); etapa 3 e (apurando os fatos para verificar se o trabalho é o ideal para mim, 21-2, 114-21); etapa 4 e (conseguindo o emprego, 21-2, 121-4, 155); funções e responsabilidades e, 114, 121, (assumindo muitas, 98-106, 108-9, 150; classificadas da mais relevante para o menos, 109-10; cultura de cisnes e, 119-20; datas de emprego sobrepostas e, 121-3; desistir de empregos para assumir novas, 124; dizendo não a, 120-1, 150; espaço de trabalho e, 117-9, 124; networking baseado em, 111-2; para "compensar os parasitas", 103; porque é a única escolha lógica, 102-3; priorizando empregos e, 123; sobreposição em, 112-3; três categorias de, 109-10, 113-4, 124; visibilidade e status de, 100-2, 135, 146-7, 166; voluntárias, 99-103, 135); interrupções e, 97-9, 104-6, 108, 123-4, (ambientes de trabalho e, 116-7; autossabotagem e, 105; capacidade de retomar as tarefas de onde parei e, 106-8; documentadas, 107-8, 123; externas, 104-5, 123; formação da memória e, 106-7; internas, 104-5, 107-8; layout do escritório e, 115-6); lições a extrair em cada etapa, 125-6; networking e, 101; perguntas para, fazerem, 112-4; prioridades de função e, 111-2; questionário para, 19-20

Star, método, 92

status, 135-6, 142-3; aspirantes a carreiras Estrelas Subestimadas e, 161-2, 166-8, 170, 180-2, (medindo o, 162-6); aspirantes a carreiras Segundos Colocados e (precisão em interpretar a hierarquia de, 138-40; sabendo quanto, você tem, 135-8, 146); assumir funções para aumentar, 100-2, 135, 146-7; baseado em prestígio, 135-40, 153, 162; choques e, 134, 140-1; dicas para, 135-40, 153; dinâmica interpessoal e, 137; do chefe, 142-3, 153; hierarquia de, 134, 137-9; idade e, 137-8; networking e, 138-40; processo de atribuição de, 138; promoções e, 137, 140, 154; títulos de cargos e, 149-50

Teste de Estresse Diário, 22-5, 39, 65, 152
Tincup, William, 27, 65, 88
trabalhadores remotos, 117, 137, 140
traços de personalidade, 78-9

transferência de conhecimento, 182-4
treinamento, 67-8, 154
troca de tarefas, 96-9, 110-1

Universidade de Nova York, 10; contratações e promoções na, 145, 153

Vaisman, Sima, 59
Van Bavel, Jay J., 33-4, 39

Wee, Elijah, 141

Yu, Siyu, 138

ESTA OBRA FOI COMPOSTA PELA ABREU'S SYSTEM EM INES LIGHT
E IMPRESSA EM OFSETE PELA LIS GRÁFICA SOBRE PAPEL PÓLEN NATURAL
DA SUZANO S.A. PARA A EDITORA SCHWARCZ EM JUNHO DE 2025

A marca FSC® é a garantia de que a madeira utilizada na fabricação do papel deste livro provém de florestas que foram gerenciadas de maneira ambientalmente correta, socialmente justa e economicamente viável, além de outras fontes de origem controlada.